Vencendo a Dificuldade de Engravidar

DR. HILTON JOSÉ PEREIRA CARDIM

Vencendo a Dificuldade de Engravidar

CONHEÇA SUA FERTILIDADE, DE QUE MODO A MEDICINA
PODE MELHORÁ-LA E COMO VENCER A ANSIEDADE

Copyright © 2009 Hilton José Pereira Cardim.

Todos os direitos reservados. Nenhuma parte deste livro pode ser reproduzida ou usada de qualquer forma ou por qualquer meio, eletrônico ou mecânico, inclusive fotocópias, gravações ou sistema de armazenamento em banco de dados, sem permissão por escrito, exceto nos casos de trechos curtos citados em resenhas críticas ou artigos de revistas.

A Editora Pensamento-Cultrix Ltda. não se responsabiliza por eventuais mudanças ocorridas nos endereços convencionais ou eletrônicos citados neste livro.

Ilustrações: Sidney de Aguiar Pereira

Preparação de originais: Denise de C. Rocha Delela

Revisão de língua portuguesa: Maria Dolores Machado

Dados Internacionais de Catalogação na Publicação (CIP)
(Câmara Brasileira do Livro, SP, Brasil)

Cardim, Hilton José Pereira
   Vencendo a dificuldade de engravidar : conheça sua fertilidade, de que modo a medicina pode melhorá-la e como vencer a ansiedade / Hilton José Pereira Cardim. -- São Paulo : Cultrix, 2009.

   ISBN 978-85-316-1059-2

   1. Fertilização humana in vitro 2. Infertilidade feminina 3. Inseminação artificial humana 4. Reprodução humana assistida I. Título.

	CDD-618.178059
09-11506	NLM-WQ 208

Índices para catálogo sistemático:
1. Fertilização humana in vitro : Ciências médicas   618.178059
2. Inseminação artificial humana : Ciências médicas   618.178059

O primeiro número à esquerda indica a edição, ou reedição, desta obra. A primeira dezena à direita indica o ano em que esta edição, ou reedição, foi publicada.

Edição	Ano
1-2-3-4-5-6-7-8-9-10-11	09-10-11-12-13-14-15-16-17

Direitos reservados
adquiridos com exclusividade pela
EDITORA PENSAMENTO-CULTRIX LTDA.
Rua Dr. Mário Vicente, 368 — 04270-000 — São Paulo, SP
Fone: 2066-9000 — Fax: 2066-9008
E-mail: pensamento@cultrix.com.br
http://www.pensamento-cultrix.com.br

Aos casais com dificuldade para conceber.

Aos meus pais, Aminthas e Josenita,
que arriscaram tudo pela minha formação.

À minha esposa, Fátima, e à minha filha, Gabriela,
por todo apoio e compreensão pelos momentos
de ausência, em que me dediquei a este texto.

Aos meus irmãos, Amintas e Sérgio.

À minha equipe de trabalho da Fertclínica.

Expresso minha gratidão às pessoas que de algum
modo contribuíram para a criação deste livro:

Carla Grasiele da Silva
Genifer Cristiane de Freitas
Viviane Ardenghi Calvo Gôngora
Ellen Fisco de Souza Turchetto
Maria Dolores Machado
Sidney de Aguiar Pereira

SUMÁRIO

PREFÁCIO	....	9
CAPÍTULO 1	Introdução	17
CAPÍTULO 2	Como ocorre a gravidez?	25
CAPÍTULO 3	Fatores que causam infertilidade na mulher. Como avaliá-los?	31
CAPÍTULO 4	Fator masculino	45
CAPÍTULO 5	Endometriose	61
CAPÍTULO 6	Estimulação ovariana....................	71
CAPÍTULO 7	Inseminação artificial....................	75
CAPÍTULO 8	Fertilização *in vitro* (FIV)	77
CAPÍTULO 9	Doação de gametas e pré-embriões	93
CAPÍTULO 10	Diagnóstico genético pré-implantacional (PGD)..................................	97
CAPÍTULO 11	Maturação *in vitro* (MIV)	103
CAPÍTULO 12	Abortamento habitual	107
CAPÍTULO 13	Terapia cognitiva	117
CAPÍTULO 14	A resposta de relaxamento	131
CAPÍTULO 15	Vencendo a inimiga	141
GLOSSÁRIO	....	151

PREFÁCIO

Estou para conhecer um sentimento tão avassalador quanto o desejo de ter filho. Talvez, em intensidade, ele só seja comparável à dor da infertilidade. Ninguém nunca nos preparou para ela. Nascemos e crescemos certos de que o bebê chegaria no momento desejado, planejado. E quando percebemos que esse desejo pode não ser tão fácil de ser realizado, somos arrastados por uma avalanche de sentimentos.

Tristeza, inveja, raiva, ansiedade, angústia, inconformismo, solidão. A lista é enorme. Nesses momentos, sentimo-nos vitimados pela natureza, esquecidos por Deus. Olhamos ao redor e parece que o mundo está grávido. Menos nós. O fato é que, de maneira alguma, estamos sozinhos. Ao menos 20% dos casais sofrem de algum grau de dificuldade de gravidez e talvez precisem de ajuda médica para conseguir o tão sonhado filho.

E não se enganem. Mesmo com o auxílio das tecnologias da reprodução assistida, a luta pode ser árdua. Muitas vezes, são necessárias várias tentativas até o sonho de maternidade ou paternidade se tornar real. Durante muitos anos, vendeu-se a falsa ideia do "fantástico mundo do bebê de proveta". Como se bastasse ter dinheiro para pagar um tratamento em uma boa clínica de reprodução e pronto: o bebê estava garantido!

Pesquisas científicas mostram que não é bem assim. As taxas de gravidez por ciclo de fertilização *in vitro* (FIV) estão em torno de 35%. A tecnologia reprodutiva avançou muito, é uma ferramenta fundamental nos dias atuais, mas a concepção continua tendo seus segredos guardados a sete chaves. É preciso humildade para reconhecer essas limitações e sensibilidade e competência para tentar encontrar as chaves certas para abrir esse misterioso baú.

Nesta obra, o médico Hilton Cardim mostra que tem de sobra essas qualidades. Ele vai muito além da abordagem técnica dos principais problemas relacionados à infertilidade e dos métodos mais modernos de investigação e tratamento, caminho já trilhado por vários autores nessa área.

Ao incorporar ao livro conceitos como a terapia cognitiva, as técnicas de relaxamento, o yoga, a acupuntura, entre outros, Cardim consegue tocar em feridas comuns a muitos casais que sofrem de infertilidade e enxergá-los como um todo, nos seus anseios, medos e fragilidades.

Mulheres e homens estão cansados de ser tratados pelos médicos como pares de ovários e testículos doentes. Eles querem não só ajuda para gerar seus tão sonhados filhos, mas também recursos para percorrer essa trajetória com mais confiança e menos sofrimento.

Nesse sentido, as sugestões de Cardim são preciosas e inovadoras na área médica. Quais são elas? Vocês verão nas páginas a seguir, todas recheadas de informação de primeiríssima qualidade. Boa leitura e ventos férteis para todos!

Cláudia Collucci
Jornalista da *Folha de S. Paulo*, Colunista do UOL
Mestre em História da Ciência pela PUC-SP
Autora dos livros *Quero ser mãe* e *Por que a gravidez não vem?*

SINOPSES

CAPÍTULO 1 – Introdução

Definição de infertilidade, subfertilidade e esterilidade. Incidência e frequência do fator feminino e masculino. Como a reação de luta e fuga determina o estresse no casal infértil. Depoimentos de pacientes ilustram a face cruel da infertilidade: medo, ansiedade, culpa, irritabilidade, depressão. A rotina desgastante do tratamento. As perguntas inconvenientes de amigos e familiares. Apresentação das diferentes seções deste livro, desde como ocorre a gravidez, até como investigar a infertilidade do casal e os recursos para solucioná-la. Introdução da terapia cognitiva e das alternativas para vencer o bicho de sete cabeças.

CAPÍTULO 2 – Como ocorre a gravidez?

Definição em linguagem coloquial e com ilustrações de espermatozoides, óvulos, colo do útero, muco cervical, endométrio, útero, tubas, ovários. Por que a fertilidade feminina acaba antes que a masculina. Como ocorre a viagem do espermatozoide até a fecundação e a posterior implantação do embrião no útero. A ovulação nem sempre é no 14º dia. Como saber que dia a mulher está ovulando de acordo com o seu ciclo menstrual.

CAPÍTULO 3 – Fatores que causam infertilidade na mulher. Como avaliá-los?

Quando procurar tratamento. Quais os problemas que afetam a fertilidade feminina. Como diagnosticá-los e tratá-los. O que é teste pós-coito. Quando suspeitar de falta de ovulação. Como descobrir se as trompas estão obstruídas. Quando fazer uma videolaparoscopia. Idade e fertilidade na mulher: um alerta para as mulheres que, por razões profissionais, estão deixando para engravidar tarde demais.

CAPÍTULO 4 – Fator masculino

Como ocorre a formação dos espermatozoides. Qual o papel dos hormônios, dos testículos, do epidídimo, da próstata e das glândulas seminais. Que fatores determinam a diminuição da produção dos espermatozoides O fumo, o álcool e o ambiente de trabalho têm alguma importância? Quando procurar tratamento. O que é varicocele e sua relevância. Como interpretar um espermograma. Quando fazer estudo genético. O que é e para que serve o teste de fragmentação de DNA. Qual a utilidade das vitaminas C e E, e como fazer uso delas.

CAPÍTULO 5 – Endometriose

O que é e por que ocorre. Qual sua frequência na população em geral e na mulher infértil. Que exames solicitar. As opções de tratamento para quem deseja engravidar e para quem só quer tratar a dor.

CAPÍTULO 6 – Estimulação ovariana

Os medicamentos que promovem a indução ou a estimulação da ovulação. Que pacientes se beneficiam deste tipo de tratamento. Quais as vantagens e desvantagens do uso de comprimidos ou das drogas injetáveis. Quais os riscos.

CAPÍTULO 7 – Inseminação artificial

O que é e para quais pacientes a inseminação artificial é indicada. Descrição de como a inseminação é realizada com imagem ilustrativa. Qual a diferença entre a inseminação e a fertilização *in vitro*. Qual a eficácia do método.

CAPÍTULO 8 – Fertilização *in vitro* (FIV)

Descrição da técnica em linguagem informal, as indicações e a razão por que tantas pessoas têm medo de se submeter a ela. Imagens da evolução embrionária no laboratório. Quais as chances de sucesso. Quando congelar óvulos e embriões. Quais os riscos de gestação múltipla. Quais os riscos da reprodução assistida. O que fazer depois de várias tentativas sem sucesso. O que fazer quando não se tem condições para custear o tratamento.

CAPÍTULO 9 – Doação de gametas e pré-embriões

Quais as indicações para doação de sêmen e óvulos. Como é mantido o sigilo. Por que não se pode doar ou obter óvulos ou espermatozoides de parentes. Quais os critérios da seleção dos doadores e como ela é feita. O significado de ser mãe: a genética. De gestar e de parir? Ou criar e educar um filho? O relato de quem já passou por isso.

14 | VENCENDO A DIFICULDADE DE ENGRAVIDAR

CAPÍTULO 10 – Diagnóstico genético pré-implantacional (PGD)

Diagnóstico genético pré-implantacional (PGD), técnica em que se retira uma ou duas células do embrião no seu terceiro dia de vida e se procede à análise genética para pesquisa de possíveis anomalias. Caso estas estejam presentes não se faz a transferência para o útero. Que casais se beneficiam dessa técnica. Quais seus riscos e suas falhas.

CAPÍTULO 11 – Maturação *in vitro* (MIV)

Definição de maturação *in vitro*, técnica promissora em que a fertilização *in vitro* é feita sem a necessidade da utilização de drogas para estimular a ovulação. Ideal para quem tem alto risco de síndrome do hiperestímulo ovariano. Também diminui os custos por dispensar o uso de medicamentos. Outras indicações. Eficácia e limitações.

CAPÍTULO 12 – Abortamento habitual

O que é e quais as causas do abortamento habitual. Como diagnosticá-lo e tratá-lo. Como vencer a ansiedade, o medo e a culpa.

CAPÍTULO 13 – Terapia cognitiva

Definição de reestruturação cognitiva, método que ajuda a identificar pensamentos negativos, questionar sua veracidade, validade e substituí-los por outros mais benéficos e verdadeiros. Reflexões que devem ser feitas antes do início do tratamento: por que engravidar? Quais as vantagens? Elas superam as adversidades? Exercícios baseados em pensamentos de pacientes com infertilidade e como as evidências reais podem modificá-los. Descrição da teoria da sala com várias pacientes que iniciam o mesmo tratamento, para esclarecer como funciona a terapêutica.

CAPÍTULO 14 – A resposta de relaxamento

O que é a resposta de luta e fuga. Por que a infertilidade provoca esse tipo de comportamento. Técnicas que visam substituir a reação de luta e fuga por uma resposta de relaxamento. Terapias alternativas que doutrinam a mente a superar a infertilidade sem ansiedade e depressão.

CAPÍTULO 15 – Vencendo a inimiga

De onde vem o medo, a ansiedade, a raiva, a culpa e a depressão, e como utilizar as informações apresentadas nos capítulos anteriores para superá-los. Como lidar com as perguntas inconvenientes. O que fazer no dia do teste. A importância dos grupos de pacientes que ajudam a mulher a recuperar a segurança.

GLOSSÁRIO

Significado dos termos técnicos mais utilizados em infertilidade e reprodução assistida.

CAPÍTULO 1

INTRODUÇÃO

O QUE É INFERTILIDADE?

Segundo a definição da Organização Mundial de Saúde, infertilidade é a incapacidade de ter filhos após dois anos de relações sexuais frequentes. Porém, na prática, quando a gravidez não acontece depois de um ano de insucesso, o casal já deve ser investigado. Algumas situações exigem uma orientação diagnóstica mais precoce. Por exemplo, uma mulher que relata ciclos menstruais irregulares provavelmente apresenta distúrbio de ovulação ou problemas hormonais e, portanto, deve ser investigada antes de um ano.

Ainda é importante distinguir, no grupo de pacientes inférteis, as pessoas estéreis das que são subférteis. O casal estéril é aquele que não tem possibilidade de gravidez natural; por exemplo, um homem com ausência total de espermatozoides, uma mulher com trompas obstruídas ou que apresenta menopausa precoce. Essas pessoas vão precisar de algum recurso de reprodução assistida.

O subfértil, por sua vez, é aquele cujos exames clínicos não detectam uma anomalia que impossibilite definitivamente a gravidez natural. Esse casal pode eventualmente engravidar sem tratamento algum.

Trinta por cento dos casos de infertilidade têm causas exclusivamente masculinas; 40% têm causas femininas e 30%, tanto femininas quanto masculinas. Sendo assim, deve-se investigar ambos os cônjuges, mesmo quando aparentemente o problema está relacionado a apenas um deles.

Acredita-se que até 15% da população seja infértil. Esse número, porém, é apenas uma estimativa, pois, segundo relatos, menos de 50% dos casais procuram auxílio médico.

POR QUE ENGRAVIDAR É TÃO IMPORTANTE?

Por que o desejo de engravidar se torna tão intenso e a sua não satisfação causa tanta ansiedade?

Porque reproduzir é um instinto assim como a sobrevivência. A sobrevivência é o instinto mais forte nos seres humanos, seguido pela reprodução. Do mesmo modo que uma pessoa se afogando luta para atingir a superfície e respirar, a pessoa que tenta engravidar e não consegue concentra todas as suas energias desesperadamente na solução do problema. Naturalmente, essa é uma reação de luta e fuga. Na pré-história, quando o homem das cavernas fugia de um animal feroz ou tentava lutar com ele, havia uma grande descarga de adrenalina em seu corpo, o que lhe conferia mais força muscular, reações mais rápidas e um aumento na frequência cardíaca. Hoje em dia, dificilmente passamos por uma situação extrema como essa, a não ser quando estamos diante de um assalto ou sob estresse intenso. Para o casal infértil, principalmente para a mulher, a descarga de adrenalina nos momentos de ansiedade equivale à de uma reação de luta e fuga.

A paternidade e a maternidade fazem parte do ciclo da vida. Como a infertilidade destrói esse princípio, as pessoas que falham em conceber acabam perdendo a autoestima e se sentem como se fossem um ser humano deficiente. É comum alguns homens confundirem virilidade com fertilidade. Essa é a face terrorista da infertilidade, a que atenta contra o amor-próprio.

Veja alguns depoimentos a esse respeito:

"Existe muita cobrança da minha família ou da família do meu marido."

"Tenho raiva, pois [a gravidez] acontece para quem não quer e nunca para mim! Sinto vontade de desistir de tudo."

"Acho que estou desesperada, pois já estou casada há vários anos. Minha irmã acabou de se casar e já tem um bebê. Eu ajudo a cuidar, mas gostaria de sentir a mesma emoção tendo um filho meu."

"As pessoas me cobram, minha família me cobra, meus clientes me cobram. Meu marido está sempre viajando. À noite me sinto sozinha e choro. Um bebê me ajudaria a não ser tão solitária. Já tinha comprado um enxoval, fiquei com raiva e doei para uma pessoa que precisava."

"A dificuldade em engravidar é como se, de algum modo, eu não me sentisse completamente mulher. Como se eu já tivesse alcançado todos os estágios enquanto ser hu-

mano, enquanto pessoa, mas não enquanto mulher. Até como esposa acho que estou em débito, pois minha consciência vive me lembrando que não posso ter filhos, me fazendo perder algo no tempo e espaço dos meus ideais. Acho que é assim que me sinto."

"Eu tinha certeza que estava grávida, até sentia o neném em mim. Na noite anterior ao teste comecei a sangrar, mas mesmo assim fiz o exame, que deu negativo. Meu mundo desabou, fiquei sem chão. Por que não deu certo? Por quê?"

"Sinto medo e fujo das pessoas grávidas ou que têm filhos pequenos, pois sei o que vão me perguntar. Meu marido vive falando de meu problema para os outros, o que só aumenta minha aflição."

"É como se eu fosse uma árvore seca. Não temos mais amigos, principalmente os que têm filhos pequenos, pois evitamos esse tipo de contato. Na noite do Reveillon, ouvi parentes do meu marido comentarem sobre nós: 'Seria bom se ela engravidasse este ano, mas ela não consegue. Fazer o quê?' Nesses dez anos, foi a primeira vez que ouvi o que os outros pensavam, é uma sensação horrível!"

Todos estes depoimentos refletem a crise emocional que a infertilidade desencadeia.

Quando você tem um desejo que almeja muito alcançar, seu pensamento passa a girar em torno dessa ideia. Sua energia é toda canalizada para mudar essa situação. Você faz tudo para que dê certo, acredita que vai obter resultado e que chegou o momento de ter um filho.

Se o processo falha novamente, o sentimento de frustração é terrível, a dor é intensa, a irritabilidade é incontrolável. Não é como em outros aspectos da vida em que se planeja e se realiza. Nesse aspecto, parece que você simplesmente não tem controle, nada do que faça irá transpor o problema, que a cada dia parece mais insolúvel. Está criado um bicho de sete cabeças contra o qual você é totalmente impotente.

Apesar disso, incompreensivelmente, o seu desejo só aumenta. E surgem questionamentos: "Por que comigo?", "Será um castigo divino?", "O que será que eu tenho?" E nas festinhas infantis e de final de ano, é fatal: vários imbecis se aproximam de você e fazem a perguntinha clássica: "E aí, quando vem o herdeiro?" ou então, "Relaxa que, quando você esquecer, vai engravidar". É como se lhe dissessem para não imaginar um elefante de patins. Qual a primeira ideia que vem à sua cabeça? Um elefante de patins! Parece que eles não têm outro assunto com quem não tem filhos. Por que não falam de futebol ou política? Por isso você se afasta; melhor viver como um eremita.

Ao procurar ajuda médica, a pessoa é submetida a vários exames, alguns invasivos, muitas vezes sem compreender qual o sentido disso. Do alto do seu pedestal, o médico parece inquestionável. A rotina agora é tomar café na clínica de fertilização e nos laboratórios, sem contar as inúmeras ultrassonografias.

O tratamento também pode se tornar desanimador, prolongado, complexo e desgastante, não só do ponto de vista físico e psíquico, mas principalmente do financeiro. A ovulação acontece uma vez por mês, mas, na sua opinião, poderia acontecer todos os dias, para que o resultado tão esperado chegasse logo, se possível imediatamente.

As relações sexuais agora são programadas de acordo com o período fértil. Esse fato, aliado às cobranças, à impressão de que seu marido não parece tão ansioso quanto você, faz com que até seu casamento comece a ser abalado. O sentimento de raiva cresce, associado ao sentimento de culpa, de não poder dar um filho ao parceiro. Algumas mulheres até pensam em se separar, porque não acham justo que o marido não possa ter descendentes. Do mesmo modo, o contrário pode acontecer.

A culpa também é causada pelo sentimento de que se está decepcionando os pais, os parentes ou os amigos. A pessoa se sente pecando por não gerar um herdeiro, por não poder dar continuidade ao sobrenome da família.

Se o êxito do tratamento demora, surge o desânimo. Tudo o que foi feito foi em vão. A resistência vai minguando. Desistir parece a única maneira de fazer cessar a dor.

A maioria dos casais sofre, em maior ou menor grau, de vários sintomas, como depressão, ansiedade, culpa, tendência ao isolamento e raiva. A depressão pode ser desencadeada pelo sentimento de dor ou de perda a cada menstruação, que associada à falta de controle sobre a infertilidade leva à ansiedade.

Estudos já demonstraram que o grau de ansiedade e depressão causado pela infertilidade é comparável ao causado pelo câncer, pela doença cardíaca ou pelo HIV.

Este livro vai ajudar você a entender como ocorre a gravidez, revelar quais os fatores que acabam diminuindo a fertilidade no homem e na mulher e mostrar como deve ser feita a investigação diagnóstica e os exames necessários. Ele também esclarece o que é a endometriose, essa doença sinistra, o mal da mulher moderna, tão comum na paciente infértil, e as razões que levam determinadas mulheres a sofrer abortos habituais.

Outra sessão descreve o arsenal terapêutico disponível atualmente para alavancar a fertilidade do casal, que inclui técnicas como a superovulação, a inseminação artificial e a fertilização *in vitro*. Como são os procedimentos, quais as indicações e como obter alternativas menos dispendiosas.

Outro grande desafio abordado neste livro é como vencer a dupla funesta que acompanha a infertilidade: a ansiedade e a depressão. São apresentadas práticas que promovem a substituição da reação de luta e fuga por uma reação de relaxamento; por meio delas, é possível aprender a condicionar a mente a esquecer a infertilidade e a se tranquilizar. Psicoterapias, acupuntura, meditação, exercícios, yoga, grupos de pacientes inférteis – você poderá escolher um ou mais aliados para declarar guerra a essa grande vilã. Nesse combate também há espaço para vencer os amigos e parentes inconvenientes. Os limites desse conflito bélico é você quem vai fixar.

Está cientificamente provado que o relaxamento diminui o nível de estresse, a ansiedade e a depressão do casal infértil. Inúmeros estudos, embora nem todos, indicam melhoras nas taxas de gravidez. Mas tão importante quanto engravidar é livrar-se da angústia, da inquietude e do sofrimento. Acalmar o coração, reacender o brilho da alma. Voltar à vida.

Junte suas armas, o bicho de sete cabeças precisa ser abatido!

CAPÍTULO 2

COMO OCORRE A GRAVIDEZ?

A VIAGEM DO ESPERMATOZOIDE ATÉ O ÓVULO

Antes de descrever o processo da concepção em si, apresentaremos os principais personagens desse ato.

Espermatozoide: célula originada no testículo, que corresponde ao gameta masculino. É produzido diariamente em grande escala, aos milhares, desde a puberdade. Sua função é penetrar o óvulo e assim gerar o embrião. O período de amadurecimento do espermatozoide dura em média de oitenta a noventa dias, por isso todo tratamento que visa melhorar a qualidade e a quantidade de espermatozoides só pode ser avaliado cerca de três meses após o seu início. O homem só sofre um declínio na sua fertilidade depois dos 55 anos – em alguns casos, 65 anos. Essa diminuição é insidiosa e lenta.

Óvulo: célula que corresponde ao gameta feminino, fertilizada pelo espermatozoide para a formação do embrião. Apesar de milhões de espermatozoides aderirem ao óvulo, somente um consegue penetrá-lo. Geralmente, um óvulo é liberado a cada ciclo menstrual. O patrimônio de óvulos é definido quando a mulher ainda é um embrião no ventre da mãe. A partir de então, a maioria deles vai se degenerando mês a mês, em um processo que se inicia mesmo antes da puberdade, até o esgotamento total, na menopausa, que normalmente ocorre dos 45 aos 55 anos. Nessa ação inglória, para cada óvulo liberado em um ciclo, cerca de mil se degeneram, um processo que os médicos chamam de "atresia". Mesmo alguns anos antes da menopausa, a partir dos 35 anos e mais intensamente a partir dos 38, a qualidade dos óvulos já começa a sofrer prejuízos, dificultando a gravidez.

Tubas ou trompas uterinas: espécie de túnel que liga o útero aos ovários. Na tuba, espermatozoides e óvulo se encontram, para que ocorra a fertilização. Dali o embrião concebido é impulsionado em direção ao útero, onde deve se fixar e continuar seu desenvolvimento.

Colo do útero ou cérvice: é a porta de entrada do útero, a primeira porção do órgão matriz, por onde passam os espermatozoides. Ali é produzido o muco cervical que, como veremos, tem importância fundamental para a ascensão do esperma ao útero.

Endométrio: membrana que reveste internamente a cavidade uterina. Funciona como um ninho onde o embrião irá se implantar e se desenvolver. O endométrio está sob o comando de duas substâncias hormonais sintetizadas pelos ovários. Uma é o estrogênio, que ordena ao endométrio: "Cresça, aumente sua espessura, prolifere seus vasos sanguíneos e glândulas produtoras de alimento para o embrião". A outra é a progesterona, produzida após a ovulação, cuja função é estimular as

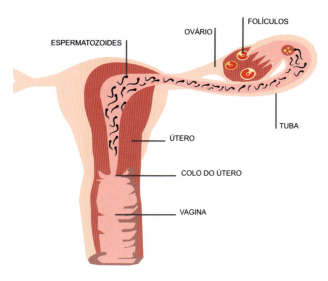

Figura 1 – Fecundação natural.

glândulas endometriais a fornecer nutrientes para o desenvolvimento da placenta e do embrião.

Ovários: par de glândulas femininas onde são produzidos e armazenados os óvulos. Sintetizam também os hormônios femininos. Localizam-se rente às tubas uterinas, um de cada lado do útero. Para se ter ideia, um feto no quinto mês de gestação apresenta o número máximo de óvulos que uma mulher possui, ou seja, de seis a sete milhões. No nascimento, esse número cai para dois milhões, na puberdade são trezentos mil, até se extinguirem na menopausa, dos 45 aos 55 anos, aproximadamente.

Podemos descrever o processo de fertilização como uma viagem do espermatozoide para encontrar o óvulo.

Com a ejaculação, milhões de espermatozoides são depositados na vagina. A Organização Mundial de Saúde considera normal o indivíduo que possui pelo menos 20 milhões de espermatozoides por mililitro de sêmen.

Quando os espermatozoides entram em contato com a vagina, encontram um meio extremamente hostil, pois o pH da vagina é muito mais ácido do que o do sêmen. É como se nosso gametinha masculino fosse tirado do leite e atirado em suco de limão ou, se fosse um peixe de água doce, jogado no mar. A partir daí, a maioria dos espermatozoides fica imóvel ou morre.

Passa a ser preponderante, então, o papel do muco cervical. Esse é o famoso corrimento que a mulher produz antes da ovulação. Muitas pacientes pensam que estão ovulando no dia em que aparece o muco cervical, mas na verdade essa secreção surge dois a três dias antes da liberação do óvulo e chega ao volume máximo no dia da ovulação.

O muco cervical escorre da cérvice para a vagina, formando uma lâmina de secreção, como se fosse uma cascata. O seu pH deve ser idêntico ao do sêmen, para permitir que o espermatozoide, assim que entrar em contato com ele, nade até o interior do útero. Mulheres que sofreram cauterização no colo do útero (queimaram uma ferida) ou que tomam um famoso comprimido para induzir a ovulação podem secretar pouco muco cervical. Infecções também podem alterar o pH do muco e, consequentemente, afetar a fertilidade.

Continuando sua viagem, os espermatozoides que ascendem ao útero viajam até as trompas. No sentido contrário, a trompa ajuda o deslocamento do óvulo em direção aos espermatozoides. Eles irão se encontrar na metade da trompa, sua porção mais dilatada. Qualquer doença que obstrua as trompas impedirá a fecundação, causando esterilidade.

A mulher é mais seletiva, ovula uma vez por ciclo. Esse óvulo, uma vez liberado, só é fertilizável por um dia. Os espermatozoides, por sua vez, sobrevivem até dois dias no útero e nas trompas. Na prática, o óvulo pode ser fertilizado no máximo dois dias antes e até um dia depois da ovulação.

A ideia de que a ovulação ocorre sempre no 14º dia do ciclo menstrual é falsa; na maioria das mulheres ela varia mês a mês, conforme o ciclo, sem ter dia fixo.

As condições emocionais da mulher podem influenciar a ovulação, atrasando-a ou adiantando-a. Basta lembrar que a glândula hipófise, responsável pelos hormônios que comandam os ovários, está localizada no cérebro, sob a influência de estímulos cerebrais e substâncias liberadas durante o estresse.

A menstruação ocorre normalmente de 14 a 16 dias após a ovulação. Essa é a fase fixa do ciclo menstrual. Se você quer saber em que dia ovulou, subtraia 14 dias do dia em que menstruou. Se menstruou no dia 20, é porque provavelmente ovulou no dia 6. Raramente as mulheres têm um intervalo fixo entre ciclos regulares. Quando têm, fica mais fácil prever o dia da ovulação.

Se o ciclo é de 28 dias: 28 – 14 = 14 (no 14º dia provavelmente ocorrerá a ovulação).

Se é de 26 dias: 26 – 14 = 12 (no 12º dia provavelmente ocorrerá a ovulação).

Se é de 34 dias: 34 – 14 = 20 (no 20º dia provavelmente ocorrerá a ovulação).

Veja como é infundado o conceito de que a ovulação sempre ocorre no 14º dia do ciclo.

Depois da fecundação, o embrião formado é impulsionado pelas trompas até chegar à cavidade uterina, em um trajeto inverso ao dos espermatozoides. A implantação do embrião no útero ocorre provavelmente cinco dias depois da fertilização. Se houver deficiência de progesterona, o endométrio, onde ocorreria a fixação do futuro bebê e da placenta, estará pouco desenvolvido, com poucas glândulas e vasos sanguíneos, frustrando o processo gestatório. De fato, há mulheres que produzem pouca progesterona ou cujo endométrio responde mal à sua ação. Isso diminui as chances de gravidez ou, mais frequentemente, provoca o abortamento no primeiro trimestre da gestação.

Agora que você já sabe um pouco sobre a fisiologia da concepção, podemos passar para o capítulo seguinte, sobre os fatores que levam à infertilidade e como tratá-los.

CAPÍTULO 3

FATORES QUE CAUSAM INFERTILIDADE NA MULHER. COMO AVALIÁ-LOS?

QUANDO PROCURAR AJUDA MÉDICA

Embora se defina a infertilidade como a ausência de gestação após dois anos de relações sexuais frequentes, na prática a investigação diagnóstica deve ser iniciada depois de um ano de insucesso. Acredita-se que, ao longo desse período, 85% dos casais engravidam.

Em algumas situações, a investigação deve ser realizada antes:

Se a mulher tem mais de 35 anos.

Se já teve infecção nas tubas uterinas ou apendicite supurada (quando há extravasamento de pus para a cavidade abdominal).

Se a mulher apresenta sinais e sintomas sugestivos de endometriose: cólica menstrual progressiva em intensidade e duração, dores nas relações sexuais, útero retrovertido (desviado para trás). Para maiores detalhes veja o capítulo sobre endometriose.

CAUSAS DA INFERTILIDADE NA MULHER

Fator cervical ou do colo do útero

Existem fatores que deixam o muco cervical hostil, como infecções, cauterizações do colo uterino, efeitos colaterais de medicamentos que induzem a ovulação ou presença de anticorpos antiespermatozoides.

O teste pós-coito é um exame utilizado para investigar o muco cervical. O casal tem relação no dia ou no dia anterior ao exame e, em algumas horas, o muco cervical é colhido, para se avaliar o seu pH e a presença de espermatozoides móveis. Se não forem encontrados espermatozoides ou eles estiverem imóveis, o resultado é considerado negativo. Isso não significa que nenhum espermatozoide tenha passado pelo colo uterino. Muitos médicos já não realizam o teste pós-coito, pois não há consenso sobre quantas horas após a relação o muco deve ser colhido. Muitas pacientes têm resultado negativo e acabam engravidando nesse ciclo. O valor desse teste é relativo, ao contrário do espermograma, que tem um valor absoluto: se for detectada a ausência de espermatozoides no exame, não há como a paciente engravidar.

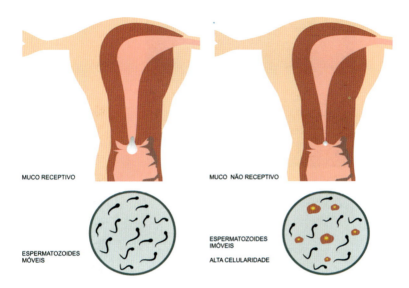

Figura 2 – Teste pós-coito.

Fator uterino

Vários distúrbios uterinos podem dificultar a gestação, seja por obstruírem a passagem dos espermatozoides para as trompas ou por sabotarem o processo da implantação embrionária.

Muitos desses malfeitores são tumores benignos uterinos, os miomas e pólipos.

Outros são cicatrizes internas na cavidade do órgão, que a medicina denominou "sinéquias". Essas cicatrizes geralmente ocorrem após a curetagem, uma raspagem na cavidade uterina para a retirada de restos placentários de abortamentos.

Embora seja mais raro, a matriz uterina pode apresentar "defeitos de fabricação", as malformações uterinas: úteros com septo em seu interior, úteros divididos ou pouco desenvolvidos.

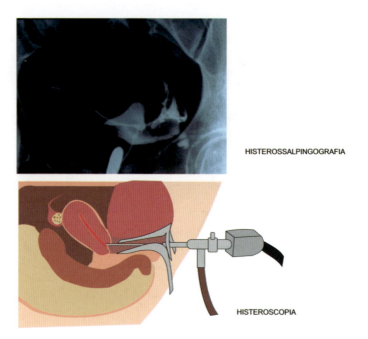

Figura 3 – Histerossalpingografia e histeroscopia.

O diagnóstico de muitas dessas alterações pode ser feito pela ultrassonografia.

A histerossalpingografia é um raio X que detecta, por meio da introdução de contraste na cavidade uterina, alterações no interior desse órgão ou obstrução tubária. Esse é o exame mais temido pelas mulheres por causa da dor que costumava ocasionar. Hoje, técnicas que não pinçam o útero e o uso de contrastes menos concentrados permitem a realização desse exame sem sofrimento.

A histeroscopia é um exame no qual se introduz uma microcâmera na cavidade uterina, que permite a visualização de várias das alterações descritas anteriormente, bem como sua correção.

Fator tubário e peritoneal

A tuba é como um túnel que liga o útero ao ovário. É nela que ocorre o encontro do óvulo com o espermatozoide, ou seja, a fecundação. Qualquer doença que cause obstrução tubária provoca esterilidade.

Essa obstrução normalmente é resultado de infecções, de endometriose e de aderências pós-cirúrgicas.

A endometriose é um tipo de inflamação do peritônio, uma membrana que reveste internamente a parede pélvica ou abdominal, e órgãos como o intestino e o próprio útero.

Ela é causada por implantes de células do endométrio, a membrana que reveste o útero internamente e que se descama durante a menstruação. No período da regra, um pouco de sangue reflui do útero para a cavidade abdominal, através das trompas, e entra em contato com os ovários, o útero, a bexiga e o intestino, levando consigo células que se desprenderam com o endométrio. Normalmente esses detritos são banidos pelo arsenal de defesa do organismo, o sistema imunológico. Entretanto, ninguém sabe por que, o sistema imune de algumas mulheres não consegue fazer essa faxina e as células endometriais começam a se proliferar onde não deviam, causando uma reação inflamatória, a endometriose. Para essa grande facínora, foi reservado um capítulo especial.

As aderências são cicatrizes internas, sequelas de infecções pós-cirúrgicas em que o tecido de cicatrização, que se entremeia entre os órgãos internos, provoca a colagem ou adesão de uns aos outros. Para ser mais claro, após uma apendicite, cesárea ou infecção nas tubas, o intestino pode aderir às trompas e ao ovário, e impedir a entrada do óvulo na tuba uterina.

O diagnóstico das obstruções tubárias pode ser feito pela histerossalpingografia; entretanto, não é incomum esse método apresentar falsos positivos. Esse é um exame que causa certa dor, e como reflexo ocorrem espasmos da musculatura da tuba, o que pode induzir a um falso diagnóstico de obstrução tubária. Nesse caso, para averiguar se a lesão é verídica, deve-se realizar a videolaparoscopia, que é também o exame de eleição para o diagnóstico da endometriose e das aderências.

A videolaparoscopia é realizada sob anestesia geral e consiste na introdução de uma microcâmera através do umbigo que permite inspecionar toda a cavidade abdominal e pélvica. Além de identificar as lesões, a videolaparoscopia tem a vantagem de tratar a endometriose e desfazer as aderências.

Por ser um exame mais agressivo, a videolaparoscopia deve ser indicada apenas em último caso, quando não se encontra nenhum fator responsável pela infertilidade. Por outro lado, quando há fortes suspeitas de endometriose, aderências pós-cirúrgicas, infecções da tuba ou quando a histerossalpingografia demonstra alguma alteração, ela deve ser indicada de imediato.

A videolaparoscopia também é indicada quando houve falhas no tratamento de outras causas previamente detectadas e corrigidas da infertilidade. Por exemplo, uma mulher que, por não ovular, fez indução da ovulação por seis ciclos e não engravidou mesmo depois que passou a ovular, também deve ser submetida à videolaparoscopia.

Fator ovulatório

Mulheres que menstruam regularmente, com intervalo intermenstrual de 25 a 35 dias; que têm cólica menstrual nos primeiros três dias da regra e que apresentam corrimento tipo clara de ovo, no meio do ciclo, provavelmente são mulheres que ovulam.

Suspeita-se de disfunção ovulatória quando a mulher tem um ciclo menstrual irregular, ou seja, a menstruação adianta ou atrasa mais de cinco dias; apresenta obesidade, acne em excesso e pelos em áreas que as mulheres normalmente não os têm.

Os distúrbios da ovulação podem ser ocasionados nas mais diversas glândulas do organismo: na hipófise, no cérebro; na tiroide; nas suprarrenais.

Quando o ciclo menstrual é irregular, algumas dosagens hormonais podem auxiliar no diagnóstico, como as dosagens de FSH, LH, prolactina, TSH e androgênios. Esses exames de sangue devem ser realizados preferencialmente no início do ciclo menstrual, no segundo, terceiro ou quarto dia.

Para mulheres que menstruam normalmente e querem constatar que estão ovulando, a ultrassonografia transvaginal para controle de ovulação é o melhor exame. Esse método permite avaliar o crescimento do folículo até sua ruptura. O folículo ovariano assemelha-se a uma bolha de líquido, que contém o óvulo. Ao ultrassom, revela-se com a aparência de uma bola preta. Esse folículo cresce e, quando atinge 20 a 25 mm de diâmetro, geralmente se rompe, liberando o óvulo, que é microscópico. Então, a imagem do folículo fica enrugada e menor, surgindo líquido na pelve. Esse método aponta também o melhor período para as relações sexuais, que corresponde a dois dias antes e até um dia depois da ovulação.

Outro meio para constatar se ocorreu ou não a ovulação é a dosagem sanguínea do hormônio progesterona, que só vai se elevar caso a mulher tenha ovulado. Portanto, o melhor período para se fazer o exame é do oitavo ao décimo dia após a suspeita postura ovular.

Os kits urinários para avaliar o hormônio LH também são bem práticos. Ele pode ser utilizado em casa, pela própria paciente, para prever o dia da ovulação. O hormônio LH começa a se elevar no sangue e na urina de 36 a 24 horas antes do desprendimento ovular.

Se a mulher possui disfunção ovulatória e começou a tomar medicamentos para induzir a ovulação, ela deve monitorar sua ovulação.

Sobre o uso de anticoncepcionais

Os anticoncepcionais orais raramente afetam a fertilidade. Por mais tempo que a mulher tome pílula, após a descontinuação, a fertilidade é restaurada imediatamente. A exceção são as injeções aplicadas a cada três meses. Esse tipo de anticoncepção de depósito age por muito tempo no organismo. Às vezes a ovulação e a menstruação só retornam um ano depois do término das injeções.

A idade da mulher

É cada vez maior o número de mulheres com idade superior aos 35 ou 40 anos que procuram tratamento para engravidar. Em uma sociedade moderna em que a mulher exerce um papel cada vez mais importante no mercado de trabalho, investindo na sua carreira universitária e na conquista da estabilidade financeira, é compreensível que o sonho da gravidez fique relegado ao segundo plano.

De fato, hoje, a mulher casa-se cada vez mais tarde e o planejamento do casal é adquirir casa própria, carro, viajar e só depois ter filhos. O que a grande maioria da população não sabe, e talvez precisasse ser alvo de uma campanha de conscientização por parte do governo e de entidades médicas, é que esse sonho que se realizaria naturalmente pode se tornar um pesadelo.

Tomemos como exemplo uma paciente que se casou aos 38 anos de idade e foi ao ginecologista, que lhe prescreveu pílulas anticoncepcionais a pedido dela. Essa mulher abriu uma empresa com o marido e, aos 42 anos, decidiu ter filhos. Ao interromper a pílula e fazer as dosagens hormonais, teve uma surpresa: estava na menopausa. A pílula mantinha a menstruação e mascarava os sintomas, pois em sua formulação tinha os mesmos tipos de hormônios que o organismo da paciente já não produzia.

A fertilidade feminina cai significativamente a partir dos 35 e despenca após os 40 anos. A chance de uma mulher engravidar aos 30 anos é de cerca de 20% ao mês, mas se tiver 40 anos essa porcentagem diminui para até 5% ao mês. Isso se deve ao envelhecimento dos óvulos, que na mulher estão formados desde a época em que ela era um embrião no ventre da mãe e com o passar dos anos perdem em quantidade e qualidade.

Hoje existem testes que podem detectar a queda da reserva ovariana, que indica o potencial da fertilidade caso não haja nenhum problema no trato reprodutivo ou na qualidade dos óvulos.

Com a aproximação da menopausa, há uma resposta pobre aos hormônios LH e FSH, produzidos no cérebro pela glândula hipófise e que comandam os ovários. Quando os ovários deixam de responder a essas substâncias, o ciclo menstrual começa a ficar mais curto e às vezes mais longo.

A reserva ovariana pode ser avaliada por exames de sangue. É recomendado que sejam feitos no 2º, no 3º ou no 4º dia do ciclo menstrual. Altos índices de FSH indicam baixa reserva, ou seja, as chances de concepção são limitadas. Entretanto, níveis normais de FSH não pressupõem necessariamente boas oportunidades de gestação. A idade é um fator determinante para se definir a possibilidade de gravidez.

Outros recursos para analisar a função ovariana são a dosagem dos níveis de inibina B circulante, uma substância sintetizada pelos ovários que reduz sua concentração com a queda da atividade ovariana; e a quantificação do número de folículos ovarianos por meio da ultrassonografia.

As mulheres jovens também podem ter sua reserva diminuída pelo fumo, por histórico de menopausa precoce na família, por cirurgia ovariana ou mesmo sem que haja fatores que justifiquem essa diminuição.

Com a idade, os óvulos também envelhecem e ficam mais susceptíveis a anormalidades genéticas. Por exemplo, desordens cromossômicas como a síndrome de Down são mais comuns em fetos de mulheres mais idosas. O risco de recém-nascidos apresentarem anormalidades cromossômicas em mulheres com 35 anos ou menos corresponde a 0,5% a 1%, e esse índice aumenta em até 1% ao ano após esse período.

Além disso, quando óvulos de mulheres mais velhas são fertilizados, eles têm uma probabilidade menor de vingar. Por essa razão, mulheres com mais de 40 anos estão mais sujeitas a abortamentos. Até os 39 anos, o risco é de aproximadamente 20%; dos 40 aos 44 anos, é de cerca de 35%.

A explicação para tanto infortúnio é a seguinte: a formação de todos os óvulos da mulher inicia-se quando do ela ainda é um embrião no útero da mãe. O processo de divisão celular, conhecido por meiose, que dá origem ao óvulo, é interrompido nessa fase e só reiniciado a partir de cada ovulação. O gameta feminino só encerra a repartição celular e a maturação no momento em que é fertilizado por um espermatozoide.

Na divisão celular, ocorre também a divisão dos pares cromossômicos, que na espécie humana são 23 e contêm todos os genes responsáveis pelas nossas características. Quanto mais tempo o processo de divisão ficar estacionado, maior a possibilidade de ocorrer erros na separação dos cromossomos.

Os óvulos assim formados podem carregar material genético a mais ou a menos, e quanto maior a idade da mulher, maior a possibilidade de isso ocorrer.

Figura 4 – Divisão celular com formação de óvulos com número incorreto de cromossomos.

Consequentemente, os embriões gerados serão portadores de alterações conhecidas como aneuploidias (número de cromossomos diferente do normal).

Felizmente, a maioria desses embriões interrompe seu desenvolvimento nos primeiros dias de vida, inviabilizando a gestação clínica (aquela com atraso menstrual). Por isso a taxa de gravidez é tão baixa nas mulheres mais velhas. Às vezes até ocorre a fertilização, mas o processo não progride.

Alguns embriões com aneuploidias podem até evoluir para gestações clínicas, mas estas geralmente findam em abortamentos espontâneos ou gestações anembrionadas, conhecidas como ovo cego.

Em outras situações, mais raras, os embriões concluem a sua formação e a gravidez chega ao final, porém os recém-nascidos são malformados.

No homem, o declínio da fertilidade é mais tênue e, em média, só se torna significativo após os 60 anos. Os espermatozoides são sempre jovens, pois são produzidos continuamente, e a meiose não fica estacionada como na mulher.

Portanto, queridas moças, aí vai um conselho: primeiro tenham filhos, depois construam sua carreira profissional! Ou, se preferirem, congelem seus óvulos, invistam na carreira e depois os utilizem!

A fertilidade feminina, no entanto, pode ser aumentada pela administração de drogas que estimulam a ovulação, pela inseminação artificial ou pela fertilização *in vitro*.

Muitas mulheres se cansam de fazer os exames ou os acham muito desgastantes. Na verdade, esse é um mal necessário. Descobrir a causa é o primeiro passo para se chegar ao êxito. Se o problema é só falta de ovulação, a simples administração de um comprimido, poucos dias ao mês, pode fazer com que a mulher tenha as mesmas chances de engravidar que qualquer outra, mesmo uma que já tenha cinco filhos. Portanto, por mais complicado que pareça, vale a pena investigar.

CAPÍTULO 4

FATOR MASCULINO

A reação do homem frente ao drama da infertilidade frequentemente é mais tranquila do que a da mulher. Muitas esposas se revoltam contra os cônjuges por achar que eles não dão a devida importância ao problema. A reação masculina é muito mais no sentido de proteger a companheira, de tentar minimizar a dificuldade, encarando o mal que os aflige de uma maneira mais amena.

Existem dois tipos de comportamento no que se refere aos homens. Alguns são extremamente solidários e compreensivos com as esposas. Outros adotam um comportamento fascista. Eles cobram da mulher a fertilidade, atribuem a ela toda a culpa e ainda se recusam a colher um espermograma, pois têm medo de que isso ponha em xeque sua virilidade, caso seja detectada alguma alteração.

Na verdade, fertilidade não tem nada a ver com virilidade, mas muitos homens não pensam assim.

Aproximadamente 30% dos fatores de infertilidade são motivados exclusivamente pelo homem; 20% das causas são mistas. Portanto, o marido está envolvido em metade dos casos. É por isso que sempre se deve fazer a investigação também no parceiro do sexo masculino, mesmo quando se sabe que a mulher tem algum problema (anovulação ou laqueadura tubária, por exemplo).

A avaliação masculina também tem como objetivo detectar condições que impeçam a gestação natural. Isso poupa o casal de tentativas infrutíferas que só aumentam o estresse.

Algumas causas genéticas que possam ser transmitidas para os filhos também podem ser diagnosticadas.

Por fim, muitas vezes, uma alteração no espermograma pode revelar a existência de algumas doenças que põem em risco a vida, como câncer no testículo ou tumores cerebrais.

DE ONDE E COMO SURGEM OS ESPERMATOZOIDES

Para que você possa entender a estratégia diagnóstica é necessário compreender um pouco da anatomia e fisiologia do aparelho genital masculino.

Os componentes essenciais desse sistema são testículos, ductos excretores e glândulas acessórias.

O sistema excretor consiste dos túbulos seminíferos, ductos eferentes, epidídimo, vasos deferentes e ductos ejaculatórios. Os túbulos seminíferos correspondem a um novelo de pequenos canais no interior dos testículos, onde são produzidos os espermatozoides. Cada testículo apresenta em média de seiscentos a 1.200 túbulos seminíferos, cada um deles com até um metro de comprimento, se esticado.

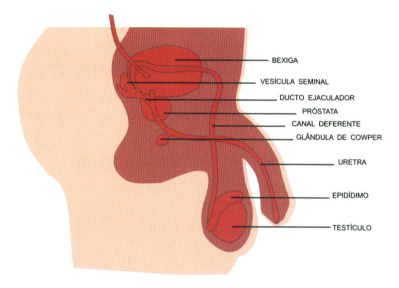

Figura 5 – Trato genital masculino.

Se a mulher produz um óvulo por ciclo, o homem produz de trinta a 370 milhões de espermatozoides por dia.

Os espermatozoides são formados nos túbulos seminíferos pela transformação, divisão e diferenciação de células precursoras imaturas, as células germinativas. Esse processo é estimulado pela ação da testosterona, um hormônio produzido em células vizinhas, as células de Leydig, que estão sob o comando do hormônio LH, sintetizado pela glândula hipófise, localizada no cérebro. Em suma, a hipófise libera LH, que estimula a produção de testosterona, que promove a proliferação de espermatozoides pela transformação das células germinativas. A formação do espermatozoide dura em média setenta dias.

Os espermatozoides fabricados nos túbulos seminíferos migram pelos ductos deferentes para o epidídimo, um reservatório onde sofrem um processo de amadurecimento e adquirem motilidade e capacidade de fertilização. No epidídimo ainda ocorre a remoção de radicais livres, que seriam prejudiciais ao bom funcionamento dos gametas masculinos. O epidídimo mede de 3 a 5 metros, se esticado. Os espermatozoides demoram vinte dias, em sua passagem pelo epidídimo, para se tornarem maduros. Portanto, o processo de formação dos espermatozoides leva em média noventa dias, e qualquer resposta a um tratamento só é factível de análise após esse período.

Os testículos e o epidídimo estão na bolsa escrotal, fora da pelve, e isso tem uma razão especial: os espermatozoides devem ser gerados em uma temperatura abaixo da do restante do corpo. Qualquer fator que aumente a temperatura local do escroto implica queda da espermatogênese.

Igualmente, qualquer processo que agrida as células germinativas, como drogas, infecções, quimioterapia, causa a diminuição da produção de espermatozoides.

A ausência ou diminuição do hormônio LH ou da testosterona também são lesivos à espermiogênese.

Em seguida, os gametas masculinos seguem pelos vasos deferentes, que medem cerca de 60 cm e conduzem os espermatozoides até os ductos ejaculatórios. Os vasos deferentes são ligados durante a cirurgia de vasectomia, o que torna o homem estéril. Alguns homens nascem sem ductos deferentes ou com obstrução nessa região, o que também leva à infertilidade.

As glândulas acessórias se compõem da vesícula seminal, da próstata e da glândula de Cowper. Elas secretam o fluido espermático e várias substâncias antioxidantes que combatem os radicais livres, que são tóxicos para todo tipo de célula, inclusive para os espermatozoides.

A vesícula seminal produz frutose, que serve de combustível para os gametas masculinos. Também é lá que são sintetizadas substâncias responsáveis pela coagulação do sêmen, importante para mantê-lo no interior do trato genital feminino. Como ocorre com os vasos deferentes, alguns indivíduos podem nascer sem glândulas seminais.

Os ductos deferentes, ao se unirem aos ductos das glândulas seminais, formam os ductos ejaculatórios e penetram na próstata.

A próstata produz uma enzima que liquefaz o esperma, permitindo que ele se torne fluido e facilite o contato entre espermatozoides e óvulo. Na próstata, os ductos ejaculatórios se unem e o sêmen passa para a uretra, canal do interior do pênis, órgão que, por meio da cópula, permite que os espermatozoides cheguem à vagina após a ejaculação.

Em resumo, o sêmen é uma mistura de espermatozoides, produzidos em minúsculos canais no interior do testículo, em temperatura mais baixa, a partir de células germinativas, que se armazenam, amadurecem e ganham mobilidade no epidídimo; essas células se juntam ao líquido prostático, das glândulas seminais e de Cowper, já quase na base do pênis. Fluido rico em nutrientes para os espermatozoides, o líquido prostático se coagula para que possa se fixar à vagina e não escorrer, e mais adiante se liquefaz, permitindo a movimentação dos gametas masculinos.

FATORES QUE ALTERAM A FERTILIDADE MASCULINA

Diversos distúrbios podem causar a infertilidade masculina. Aproximadamente 40% dos casos ocorrem devido à varicocele, 40% são causados por agentes idiopáticos, ou seja, por motivo desconhecido. (Hoje, se acredita que essas perturbações ocorram por mutações genéticas.) Os outros 20% são uma miscelânea de fatores: alterações hormonais, trabalho em temperatura muito elevada, infecções, distúrbios anatômicos congênitos dos ductos ejaculatórios do trato genital masculino, intoxicações por drogas ou agrotóxicos, quimioterapia e radioterapia.

O uso de anabolizantes, por atletas ou indivíduos que queiram aumentar a massa muscular, também prejudica a fertilidade, pois essas substâncias diminuem a produção de LH e consequentemente de testosterona nos testículos, o que reduz a espermatogênese.

Outras drogas que interferem na contagem espermática são alguns antibióticos: a cimetidina, usada no tratamento de gastrite e úlcera, e a sulfasalazina, usada no tratamento de doenças intestinais.

Drogas ilícitas, como a cocaína e a maconha, também são lesivas, bem como o uso abusivo do álcool e do fumo.

O tipo de roupa íntima não interfere na contagem e na motilidade dos espermatozoides.

Quanto mais relações sexuais e masturbações, menor a concentração espermática. Mas, no caso das relações sexuais mais frequentes, esse fato é compensado, pois os espermatozoides sobrevivem pelo menos 48 horas no trato genital feminino.

Vários tipos de lubrificantes disponíveis no mercado são tóxicos para os espermatozoides. Os naturais, porém, como o óleo vegetal, a clara de ovo, a glicerina e alguns cujo rótulo consta não espermaticida, não são nocivos.

A varicocele, a maior facínora da fertilidade masculina, consiste na formação de varizes nas veias do escroto, onde estão alojados os testículos. A dilatação dessas veias prejudica o fluxo sanguíneo local e a troca de nutrientes, e causa o acúmulo de substâncias tóxicas, bem como o aumento da temperatura local. Tais desordens podem provocar alterações na quantidade e na qualidade dos espermatozoides.

Acredita-se que até 15% dos homens férteis apresentem pequenas varicoceles. O diagnóstico é feito pela palpação dos testículos. Somente as varicoceles maiores causam infertilidade e estas podem ser percebidas pelo exame clínico. Raramente há necessidade de ultrassonografia do escroto para diagnóstico.

O tratamento da varicocele é cirúrgico. Os resultados sobre a restauração da fertilidade são controversos. Outras opções de tratamento são a inseminação artificial e a fertilização *in vitro*.

QUANDO PROCURAR AJUDA

A avaliação da infertilidade masculina deve ser iniciada como na mulher: após um ano de tentativas malogradas. O estudo antecipado é necessário caso o homem tenha antecedente de trauma, caxumba com acometimento dos testículos, infecções na uretra (canal por onde o sêmen é ejaculado) ou criptorquidia (o testículo, em vez de descer para a bolsa escrotal, fica escondido no abdômen).

O fato de o homem já ter filhos não o isenta da análise diagnóstica; nada impede que ele tenha sofrido uma infecção genital ou sido acometido por um problema hormonal após a concepção do último filho.

A investigação inicial é feita por meio de dois espermogramas, com um intervalo de um mês entre eles. Muitos homens se sentem constrangidos em colher o sêmen no laboratório. Nesses casos, a coleta pode ser realizada em casa, desde que o espécime seja transportado na temperatura do corpo e examinado em, no máximo, uma hora.

O sêmen deve ser colhido após um período de abstinência ejaculatória de três a cinco dias. A Organização Mundial de Saúde (OMS) estabeleceu os parâmetros normais do espermograma como:

- volume de 1,5 a 5 ml;
- concentração acima de vinte milhões de espermatozoides/mL;
- motilidade acima de 50%, sendo pelo menos 25% A (o espermatozoide que se move rápido em linha reta) ou 50% de A mais B (o espermatozoide que se move em linha reta porém lentamente);
- mais que 30% dos espermatozoides devem ter formato normal.

A presença de mais de um milhão de glóbulos brancos (leucócitos) no esperma indica infecção.

Alterações na viscosidade e no pH podem revelar distúrbios nas glândulas acessórias.

Espermatozoides aderidos uns aos outros (aglutinação) são um sinal da presença de autoanticorpos antiespermatozoides, o que prejudica a mobilidade e o funcionamento deles. Os autoanticorpos se formam porque, por algum motivo, o sêmen entra em contato com o sangue, que passa a considerar o espermatozoide como algo estranho ao organismo, um vírus, uma bactéria, liberando proteínas de defesa, os anticorpos, que se fixam a um ou mais espermatozoides, provocando a aglutinação.

Embora esses sejam os indicadores considerados normais pela OMS, temos que lembrar que a fertilidade é um processo que envolve duas pessoas. Por isso, alguns homens podem ser capazes de provocar a gravidez com cifras subnormais graças ao status fértil da esposa. Por outro lado, as parceiras de alguns homens com índices normais não engravidam.

Um estudo revelou que homens com menos de 13,5 milhões de espermatozoides por ml e com menos de 32% de motilidade têm maior probabilidade de infertilidade, ao passo que, com contagens superiores a 48 milhões por ml e mais de 63% de mobilidade, raramente são inférteis. Portanto, há um grande intervalo entre os dois grupos, no qual a fertilidade é indeterminada.

Além disso, a análise seminal é uma referência precária da função do espermatozoide, ou seja, embora todos os parâmetros estejam normais, não há garantias de que aqueles espermatozoides de fato sejam capazes de fertilizar o óvulo.

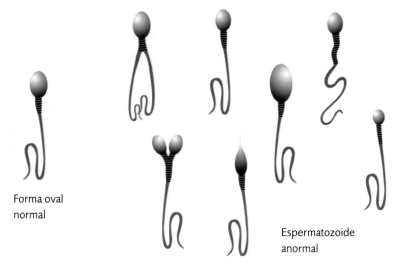

Figura 6 – Morfologia espermática.

Alterações no espermograma devem ser analisadas pelo andrologista ou por um urologista especializado em reprodução humana.

Do mesmo modo, quando o sêmen e todos os exames da mulher são normais, ou quando ela tiver um fator que já tenha sido tratado mas a infertilidade tenha persistido, uma análise mais profunda do parceiro deve ser realizada.

Dependendo da história clínica do paciente e do exame físico, o especialista poderá solicitar outros exames tais como:

- *dosagens hormonais*. Se a suspeita for de origem endocrinológica, FSH e testosterona e, eventualmente, LH e prolactina. Esses hormônios interferem de algum modo no processo da espermatogênese. Alterações na sua produção às vezes são causadas por tumores cerebrais. Nesse caso, deve-se solicitar uma tomografia ou ressonância magnética do cérebro.

- *ultrassonografia transretal.* Quando há suspeita de obstrução dos ductos ejaculatórios ou ausência de glândulas do trato genital masculino. Isso ocorre quando há ausência de espermatozoides no sêmen (azoospermia) e o volume espermático é baixo.
- *ultrassonografia escrotal.* Quando o exame clínico é difícil ou há suspeita de tumores testiculares. Esse exame permite avaliar o tamanho dos testículos. Não é recomendado para pesquisa de varicoceles, pois pequenas varicoceles não devem ser tratadas cirurgicamente e as grandes varicoceles podem ser detectadas durante o exame clínico, na palpação dos testículos.
- *estudos genéticos.* Tudo o que é produzido no nosso organismo ou no de qualquer animal, vírus ou bactéria, se faz após um comando de determinado gene, que é um conjunto de DNA, substância que vai ditar as nossas características. Os genes estão agrupados nos cromossomos, que na espécie humana são 23 pares. Os genes que capitaneiam a formação dos espermatozoides estão localizados no cromossomo Y.
- *estudo dos cromossomos.* Quando há azoospermia sem obstrução dos ductos excretores ou quando a contagem de espermatozoides está abaixo de um milhão de espermatozoides/ml, deve-se pesquisar o cariótipo (estudo dos cromossomos), pois o paciente pode ter um cromossomo Y ou X a mais. Também se pode investigar microdeleções no cromossomo Y, quando parte desse cromossomo que contém os genes responsáveis pela espermatogênese está ausente.

Na azoospermia obstrutiva, em que se suspeita da ausência dos ductos deferentes, a diligência é pelo gene do receptor da fibrose cística, uma doença que, além de causar infertilidade, pode provocar perturbações respiratórias, pancreáticas e intestinais. Existe o risco de que essas desordens passem para a prole, e o casal deve discutir essa situação antes de prosseguir o tratamento. O que diferencia uma azoospermia obstrutiva de uma não obstrutiva é o tamanho dos testículos. Na obstrutiva, o tamanho dos testículos é normal, podem-se palpar os epidídimos ingurgitados, repletos de espermatozoides, e os hormônios estão normais. Ao contrário, na azoospermia sem obstrução, o defeito é na fabricação dos espermatozoides; os testículos, bem como os epidídimos, estão diminuídos, podem-se palpar os vasos deferentes, e o hormônio FSH, produzido na hipófise, se eleva, como reflexo do mau funcionamento testicular.

• *biópsia testicular*. Este exame pode fazer a distinção entre as causas da azoospermia obstrutiva e da não obstrutiva. Vai revelar se há presença ou não de espermatozoides maduros ou de suas células precursoras. Quando há maturação espermática normal, trata-se de azoospermia obstrutiva, cujo prognóstico em termos de tratamento é melhor. Os espermatozoides são retirados do testículo e pode-se fazer a injeção intracitoplasmática dos mesmos (ICSI, capítulo 8) com melhores resultados do que no caso da azoospermia não obstrutiva, que nem sempre tem tratamento.

FATOR MASCULINO | 57

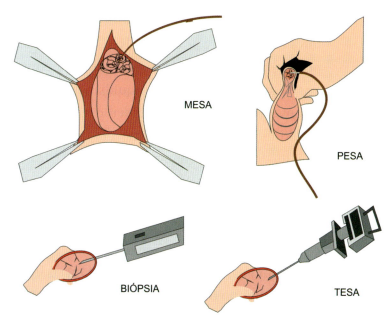

Figura 7 – Obtenção de espermatozoides diretamente dos testículos.

Existem várias técnicas de retirada de espermatozoides dos testículos:

- *aspiração de espermatozoides do epidídimo* (MESA). Coleta o esperma dos homens com bloqueio dos ductos reprodutivos, tais como vasectomia ou a ausência congênita dos vasos deferentes, em que os testículos produzem espermatozoides, mas eles não são excretados.
- *aspiração epididimária percutânea de espermatozoides* (PESA). Aspiração de espermatozoides do epidídimo por meio de punção.
- *extração testicular do esperma* (TESE). Remoção cirúrgica de tecido testicular na tentativa de coletar esperma vivo.
- *pesquisa de anticorpos antiespermatozoides*. Quando todos os parâmetros são normais e os espermatozoi-

des estão aglutinados e com pouca motilidade. Os fatores de risco para se desenvolver anticorpos antiespermatozoides são vasectomia, ausência congênita dos vasos deferentes, criptorquidia, antecedente de trauma ou cirurgias no testículo e infecções do epidídimo. Essas são situações em que pode haver contato do sêmen com o sangue. Na presença de anticorpos, o esperma perde a capacidade de penetrar o muco cervical bem como de aderir ao óvulo, para que ocorra a fertilização.

- *capacitação espermática.* Teste em que o sêmen é lavado com meio de cultura com substâncias idênticas às existentes no trato genital feminino. Serve para retirar as impurezas e os espermatozoides mortos e imóveis, e promover reações bioquímicas que tornam os gametas mais rápidos e aptos para fertilizar o óvulo. O resultado final pode revelar se o tratamento pode ser feito com inseminação artificial ou necessita de fertilização *in vitro.*

- *teste de fragmentação do DNA.* Os parâmetros de quantidade, motilidade e morfologia dos espermatozoides são avaliados pelo espermograma. Entretanto, recentemente foi comprovado que o índice de fragmentação de DNA espermático (IFDE) também influencia a qualidade dos espermatozoides. O índice não pode ser analisado pelo espermograma, mas pode ser investigado pelo teste de Tunel. Indivíduos com os indicadores de espermograma alterados têm maior IFDE que os sem anormalidades no semiograma, e mesmo aqueles com índices espermáticos normais ao espermograma podem apresentar alto IFDE, o que pode ser motivo de uma infertilidade sem causa aparente.

O teste de fragmentação do DNA já existe nos Estados Unidos há mais de vinte anos. O procedimento é indicado em casos de infertilidade sem explicação aparente, de pacientes com mais de 50 anos, de homens expostos a ambientes tóxicos por tempo prolongado ou que fizeram tratamentos à base de quimioterapia ou radioterapia.

O DNA do espermatozoide maduro é uma estrutura compacta, condensada, onde as informações genéticas estão protegidas de danos. A fragmentação do DNA pode promover a descondensação do DNA, modificando o volume da cabeça do espermatozoide, sua fisiologia e o bloqueio da capacidade de expressar os genes.

Embora as causas da fragmentação do DNA não sejam totalmente conhecidas, sabe-se que pode ser influenciada por dietas, uso de drogas, febre alta, temperatura testicular elevada, poluição, fumo, varicocele, traumas testiculares, câncer e idade avançada. Esses são fatores que promovem o aumento das espécies reativas de oxigênio (EROS), substâncias nocivas que causam danos no DNA dos espermatozoides. Com exceção da idade, a exposição a esses fatores pode ser transitória, por isso pode haver melhora na fragmentação do DNA com o decorrer do tempo.

A taxa normal é de até 30% para o índice de fragmentação do DNA. Cifras superiores não excluem a possibilidade de fertilização normal, desenvolvimento embrionário e uma gestação a termo; porém, elas estão associadas com uma redução significativa de gravidez e aproximadamente o dobro de abortamentos.

O homem que apresenta resultado positivo nesse teste pode se beneficiar do tratamento com agentes antioxidantes como a vitamina C e E, antes de se submeter à fertilização.

Estudos recentes relatam menor IFD em espermatozoide testicular, uma vez que essa fragmentação se dá no nível pós-testicular, principalmente no epidídimo, abrindo uma possibilidade a mais de tratamento. Constatou-se aumento na taxa de implantação embrionária e gestação clínica ao se utilizar espermatozoides oriundos de extração testicular em indivíduos com alterações espermáticas graves.

Vencer o preconceito e fazer a investigação é o primeiro passo para se alcançar o resultado tão desejado. Às vezes, a cura pode consistir no tratamento de alguma infecção por meio de antibióticos ou em uma cirurgia para varicocele. Caso contrário, o ICSI é um recurso magnífico que revolucionou a reprodução humana e transformou em pais em potencial homens que até então não tinham a menor chance de ter filhos por meio dos seus próprios espermatozoides. Se o que falta é só a fertilização dos óvulos, o ICSI pode fazer isso muito bem.

Agora você já conhece todos os exames que podem ser solicitados para o homem. O passo seguinte é conhecer um pouco sobre a grande vilã da fertilidade feminina, a endometriose.

CAPÍTULO 5

ENDOMETRIOSE

Esta é uma doença realmente enigmática; ninguém sabe a sua causa. Nenhuma teoria justifica todos os tipos de casos.

O nome "endometriose" vem de endométrio, uma membrana que reveste a cavidade uterina, onde o embrião irá se implantar. A partir do início do ciclo menstrual, o endométrio se desenvolve e sua espessura aumenta. Vasos sanguíneos e glândulas proliferam para receber e nutrir o embrião. Se a mulher não engravida, o endométrio descama. Um pouco do sangue menstrual reflui pelas tubas e cai na cavidade pélvica. Isso ocorre em praticamente todas as mulheres.

O sistema imunológico, o mesmo que nos defende de bactérias e vírus, realiza, então, a limpeza das células endometriais e do sangue que está em contato com o intestino, a bexiga, o útero, os ovários, as tubas e o peritônio, a membrana que reveste a cavidade abdominal. Nas mulheres com endometriose, o sistema imunológico é incapaz de realizar essa limpeza, seja por questões genéticas, por estresse ou porque a menstruação é muito abundante.

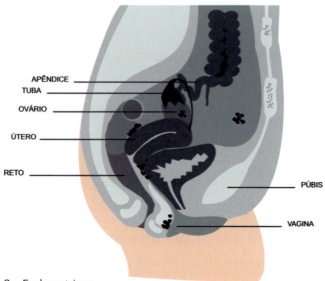

Figura 8 – Endometriose.

Sem uma limpeza eficaz, as células endometriais começam a se proliferar em um local inadequado. Desenvolve-se uma reação inflamatória, que libera substâncias tóxicas para os óvulos e os espermatozoides, diminuindo sua capacidade de fertilizar. Acredita-se que a capacidade dos embriões de se implantar também seja diminuída.

Assim como acontece quando nos cortamos ou sofremos uma queimadura, após a inflamação inicial forma-se uma cicatriz; com o agravamento da endometriose, cicatrizes internas podem se formar e colar o intestino no útero, nos ovários ou nas trompas. É o que se denomina aderência. As aderências provocam oclusão das tubas uterinas e contribuem para a infertilidade.

É dessa maneira que essa malfeitora agride a mulher, deteriorando a sua fertilidade ou causando dores.

Acredita-se que de 6 a 10% da população, em geral, tenha endometriose. Da população infértil, até 40% tem endometriose e, quando outro fator (por exemplo, anovulação) é tratado e a mulher não engravida, em até 70% dos casos há possibilidade de que a mulher tenha endometriose.

CONCEITOS QUE NÃO SÃO VERDADEIROS

- A endometriose só ocorre em mulheres com mais instrução e com idade superior a 30 anos.
- Não ocorre em negras.
- Não ocorre em adolescentes.
- Só é observada em mulheres que nunca tiveram filhos.
- Gravidez cura endometriose.

SINTOMAS DA ENDOMETRIOSE

A maioria das mulheres não apresenta sintomas, salvo a infertilidade. Porém, a endometriose pode causar cólicas menstruais, que vão se tornando cada vez mais intensas e duradouras, transformando a vida da mulher em um tormento. Esse tipo de cólica melhora pouco com o uso de anticoncepcionais. É preciso diferenciá-la da cólica normal da mulher, que surge desde os primeiros ciclos menstruais e dura até no máximo três dias por ciclo. Esse tipo de cólica tem sempre a mesma intensidade desde a adolescência e está relacionada ao fenômeno da ovulação. Ela é normal e desaparece ou diminui muito com o uso de anticoncepcionais.

A maior parte das mulheres que se queixa de cólicas não tem endometriose. Uma característica paradoxal da endometriose é o fato de que a intensidade da dor não é um indicador válido da severidade da enfermidade. Algumas mulheres com endometriose extensa não apresentam absolutamente dor nenhuma, enquanto algumas com endometriose mínima relatam dores fortíssimas.

Dor durante a relação sexual (dispareunia)

A endometriose pode produzir dor durante a relação sexual, uma condição conhecida como dispareunia. A dispareunia pode resultar de implantes de tecido endometrial sensíveis, na base da pelve, próximos à porção superior da vagina, ou por aderências dos órgãos pélvicos. Geralmente a dor tem caráter progressivo e ocorre na parte profunda da vagina, mais em determinadas posições do que em outras.

Sangramento uterino anormal

A maioria das mulheres que tem endometriose não relata anormalidades na menstruação. Ocasionalmente, a doença pode levar ao sangramento vaginal em intervalos irregulares.

A endometriose pode ocorrer nos intestinos, na parede da bexiga, nos pulmões ou em cicatrizes cirúrgicas. Raramente esses cistos liberam sangue dentro da bexiga, do intestino e dos brônquios durante o ciclo menstrual, causando sangramento na urina, nas fezes ou ao tossir.

Infertilidade

Embora os sinais e sintomas anteriores sejam frequentes, a mulher pode ter endometriose sem sentir nada. Em alguns casos, a infertilidade é o único sintoma. De fato, em nossa clínica, pelo menos metade das pacientes não apresenta nenhum sintoma além da infertilidade.

Diagnóstico

O médico pode suspeitar da doença, caso a mulher tenha infertilidade, cólicas menstruais ou dores durante as relações sexuais.

Exame pélvico

Certos achados em um exame ginecológico podem levar o médico a suspeitar de endometriose. Um sinal que sugere o diagnóstico é a sensação de nódulo palpável no fundo da vagina. Outro sinal característico da endometriose, embora não seja exclusivo, é o útero desviado para trás e fixo, o chamado útero retrovertido. No exame de toque, o médico pode perceber isso.

Ultrassonografia

Quando cistos cujo conteúdo sugira sangue são visualizados no ultrassom, pode-se suspeitar de endometriose, especialmente se a mulher tem os sintomas.

CA 125

Esta é uma substância que pode se elevar quando a mulher tem endometriose e o exame de sangue detecta sua concentração. Porém, em muitos casos em que a mulher tem endometriose, o CA125 está normal. Por outro lado, várias outras condições além da endometriose alteram o CA125: câncer do ovário, mioma, gravidez, tuberculose. Portanto, esse não é um bom método para diagnóstico, mas sim para avaliar a efetividade do tratamento, quando se espera que os níveis de CA125 abaixem.

Videolaparoscopia

A videolaparoscopia é um procedimento cirúrgico que permite ao médico visualizar a pelve e inspecionar os órgãos reprodutivos, verificando a presença de endometriose. É realizada com a paciente em centro cirúrgico e sob anestesia geral.

A maioria dos ginecologistas confirma a endometriose pela videolaparoscopia antes de estabelecer um tratamento. Aliás, muitos profissionais recomendam a

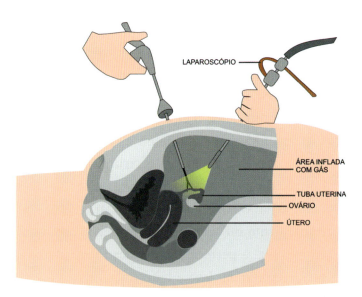

Figura 9 – Procedimento de laparoscopia.

laparoscopia como parte do processo diagnóstico de todas as mulheres inférteis. Particularmente, nós preferimos indicar essa cirurgia em casos selecionados, para não submeter a paciente a um risco desnecessário.

Durante o procedimento, uma microcâmera acoplada a um sistema de vídeo, chamado videolaparoscópio, é inserida na cavidade abdominal através de uma incisão pequena no umbigo. Ao observar pelo laparoscópio, o cirurgião pode estudar a superfície do útero, as tubas uterinas e outros órgãos pélvicos. O médico então pode confirmar a presença de endometriose e determinar sua severidade.

Um fragmento pequeno de endometriose pode ser retirado durante a videolaparoscopia para exame microscópico. Essa é a chamada biópsia. A extensão da endometriose detectada durante o exame é registrada por uma contagem numérica. O estágio da doença é calculado por um sistema estabelecido, que divide a endometriose em quatro estágios: mínima (I), leve (II), moderada (III) ou severa (IV).

A vantagem da videolaparoscopia é que, com a paciente anestesiada, o cirurgião pode fazer outras incisões pequenas no abdômen e inserir instrumentos adicionais. Por exemplo, o cirurgião pode drenar o líquido do cisto do ovário, cortar o tecido cicatricial (aderência) ou queimar ou vaporizar o tecido endometriótico com ou sem raio *laser*. Também durante a laparoscopia, a permeabilidade das tubas uterinas pode ser determinada. Isso é feito injetando-se um corante (azul de metileno) pelo colo do útero (procedimento denominado cromotubagem), o qual extravasará para a cavidade pélvica pelas tubas uterinas, confirmando o diagnóstico de permeabilidade tubária.

TRATAMENTO

O tratamento da endometriose depende do grau da doença e da idade da mulher.

Os graus mais leves podem ser tratados por meio da videolaparoscopia, da excisão, de um procedimento chamado lise de aderências e de cauterizações das lesões. Depois pode-se apenas aguardar que a paciente engravide, pois o simples ato cirúrgico já impulsiona a fertilidade. Outra medida é estimular a ovulação para aumentar a fecundidade. Caso isso não surta efeito, deve-se tentar a inseminação artificial ou, no malogro desta, a fertilização *in vitro*.

Graus mais severos, especialmente se as trompas estão obstruídas ou a paciente tem mais de 35 anos, devem ser tratados pela fertilização *in vitro*. É preciso lembrar que, nas mulheres de mais idade, somam-se dois fatores deletérios: a endometriose e a idade.

Alguns médicos preferem repetir várias videolaparoscopias e utilizar medicamentos que causam muitos efeitos colaterais, como nos casos em que a mulher está na menopausa. Só defendemos essa conduta quando a queixa principal é a cólica ou dispareunia.

Nos casos cujo objetivo é tratar a infertilidade, evitamos o uso desses medicamentos; só os prescrevemos em raras exceções, e nos furtamos de fazer várias videolaparoscopias pelos riscos do procedimento. Quanto mais os ovários ao cauterizados, mais se destrói a população de óvulos; isso implica predispor a paciente até mesmo a uma menopausa precoce.

Vale lembrar que a endometriose só causa esterilidade (impossibilidade total de conceber) quando ela destrói ou obstrui as tubas uterinas. Nos demais casos, ela ocasiona subfertilidade, ou seja, a gravidez não é impossível, mas é mais difícil. Pode levar muito mais tempo ou mesmo não acontecer. É o mesmo que arremessar a bola do meio da quadra de basquete, e não do garrafão. A cesta é mais difícil, mas não impossível.

O que a videolaparoscopia, a estimulação ovariana, a inseminação e a fertilização fazem é aproximar a mulher cada vez mais do cesto. A última a coloca debaixo dele. Portanto, é hora de conhecer melhor essas armas.

CAPÍTULO 6

ESTIMULAÇÃO OVARIANA

A estimulação ovariana consiste na administração de medicamentos para ativar ou impulsionar a função ovariana.

Ela pode ser utilizada para desencadear a ovulação em mulheres que não ovulam; por exemplo, nas portadoras de ovários policísticos. Nesse caso, o objetivo é promover a formação de um único folículo ovariano e o termo utilizado é indução da ovulação. É preciso que se faça uma avaliação hormonal prévia, por meio de exames de sangue, a fim de se diagnosticar quais hormônios são os responsáveis pela disfunção ovulatória, e então saber qual o melhor tipo de medicamento a ser utilizado. Se a mulher apresenta ciclos menstruais irregulares, provavelmente está nesse grupo.

Existem casos em que se quer aumentar o potencial de fertilidade da mulher, provocando uma superovulação. A meta é que sejam liberados de dois a cinco óvulos por ciclo. Isso é o que se propõe à paciente com infertilidade sem causa aparente, endometriose leve ou sem obstrução tubária, e à que já tem mais idade.

Prescreve-se à paciente medicamentos para induzir o desenvolvimento de folículos (bolhas de líquido que contêm os óvulos). Ela pode tomar um medicamento por via oral, o citrato de clomifeno, que é um bom estimulador, embora apresente um efeito colateral indesejável: diminui a espessura do endométrio que reveste internamente o útero, reduzindo as chances de implantação embrionária. O citrato de clomifeno também pode prejudicar o muco cervical, dificultando a entrada dos espermatozoides no útero. A administração de estrogênios naturais combate essa ação deletéria desse medicamento.

Uma alternativa para estimulação ovariana são as drogas injetáveis, muito mais poderosas e eficazes. Esses medicamentos não acarretam efeitos indesejáveis sobre o útero e o muco cervical, porém aumentam a possibilidade de gravidez gemelar e o risco de hiperestímulo ovariano (veja na próxima sessão o que isso significa). Outra desvantagem é o custo bem superior aos dos comprimidos. A prescrição desse tipo de droga deve ser realizada por um especialista em reprodução humana ou um ginecologista com experiência nessa área. É obrigatório o acompanhamento por ultrassom.

Por meio do ultrassom, o médico pode prever a aproximação da ovulação pela medida do diâmetro folicular. Quando o maior atinge de 18 a 20 mm, a ovulação é iminente e o casal é orientado a ter relações sexuais.

Embora o uso dessas drogas aumente a chance de gestação gemelar, esse risco é inferior a 10%.

Se o único problema for a ausência de ovulação, a indução pode igualar a fertilidade do casal à de outros pares, ou ir além disso, uma vez que o casal é orientado quanto ao melhor dia para ter relações, com base no dia em que a ovulação ocorre. O mesmo raciocínio é válido para a estimulação ovariana com o intuito de combater fatores que reduzem a fecundidade, como a endometriose, a idade mais avançada ou a infertilidade sem causa aparente. É necessário, porém, que se tenha paciência. Como não mais de 30% dos óvulos fertilizados geram uma gravidez clínica, o tratamento deve ser mantido por pelo menos seis meses. Caso a concepção não ocorra, é necessário que se faça uma reavaliação diagnóstica ou se tente outro recurso terapêutico mais potente. Na verdade, recomenda-se que essas drogas não sejam utilizadas por mais de um ano.

CAPÍTULO 7

INSEMINAÇÃO ARTIFICIAL

A inseminação intrauterina (IIU) é indicada para casais que tentaram sem sucesso relações sexuais programadas, apresentam alterações no muco cervical, infertilidade inexplicada, casos de endometriose mais leves e alterações discretas no esperma.

O objetivo da inseminação artificial é depositar no útero os espermatozoides, após um processo de capacitação no laboratório. Nesse processo, separam-se os melhores espermatozoides, tornando-os mais rápidos e concentrando-os em um pequeno volume, na cavidade uterina. A mulher toma medicamentos para produzir folículos múltiplos e liberar mais que um óvulo, de modo a atingir a fertilização. As drogas são as mesmas descritas na seção de estimulação ovariana. A ovulação é controlada por exames de ultrassom para que se possa determinar o momento preciso da realização do procedimento. Quando o maior folículo ovariano atinge de 18 a 20 mm, prescreve-se uma injeção de um hormônio chamado HCG e agenda-se a inseminação para 36 horas depois. Esse procedimento é simples, realizado em consultório, sem necessidade de anestesia ou perma-

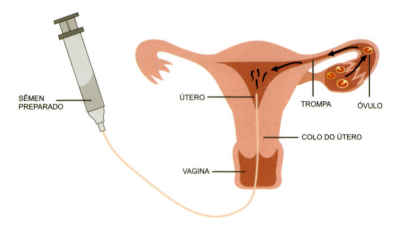

Figura 10 – Inseminação artificial.

nência prolongada na clínica. Diferentemente da fertilização *in vitro*, a fecundação ocorre nas tubas uterinas e não são retirados óvulos da paciente. É necessário, portanto, que pelo menos uma das tubas esteja em perfeito estado. O custo desse procedimento é bem inferior ao da fertilização *in vitro*, assim como sua eficácia e risco de gemelaridade. As taxas de êxito variam de 5 a 25% por ciclo, dependendo da idade e do problema do casal. Geralmente, a gravidez por inseminação artificial ocorre nas primeiras quatro tentativas; não se recomenda que a paciente faça mais de seis tentativas.

CAPÍTULO 8

FERTILIZAÇÃO *IN VITRO* (FIV)

Em 1978, com o advento da fertilização *in vitro* (FIV) e posteriormente do ICSI, a medicina tornou possível o sonho do filho biológico para muitos casais até então considerados estéreis, ou seja, sem nenhuma condição de conceber. Hoje é muito raro encontrar alguém que não possa engravidar por um dos métodos de reprodução assistida.

Inicialmente, a fertilização *in vitro* causa a impressão de que se trata de um método extremamente embaraçoso, cheio de riscos e complicações. A paciente acha que vai engravidar e ter três ou quatro bebês, que seu peso vai aumentar pelo excesso de hormônios prescritos ou que seu corpo correrá o risco de acumular líquido. Na internet, divulgam-se casos de pacientes que foram parar na UTI por hiperestimulação ovariana. Algumas pacientes ainda acham que hormônios em excesso podem causar câncer. E sabem que os custos são altos. Tudo isso leva ao descrédito ou ao medo da fertilização *in vitro*.

Esse método ainda é considerado por alguns como a última alternativa. Se não der certo, significa o fim de todos os sonhos.

Na verdade, entrevistando as pacientes após a transferência, percebemos que a sensação da grande maioria é a de que o método é muito mais simples do que imaginavam. Poucas sentem efeitos colaterais significativos, desde que a estimulação tenha sido feita dentro dos padrões e protocolos das mais variadas sociedades de medicina reprodutiva.

Descrevemos a seguir a técnica, seus riscos e complicações, e daremos dicas de como é possível fazer o tratamento sem custos ou a preços reduzidos.

INDICAÇÕES

A FIV é um método de reprodução assistida em que os espermatozoides e os óvulos são coletados e a fertilização é realizada fora do corpo, em placas, no laboratório. Os embriões fertilizados são, então, transferidos para o útero. O laboratório, portanto, passa a fazer o papel das tubas uterinas.

A FIV é utilizada em pacientes com problemas tubários, nos casos de endometriose, alterações do sêmen, em casais sem causa aparente de infertilidade, em mulheres de idade avançada ou como último recurso, quando outros tratamentos não deram resultado.

TÉCNICA

Salvo raras exceções, não se deve realizar a fertilização com o ciclo natural, pois as chances de se obter embriões para transferir ao útero são, no máximo, de 50%. No ciclo natural, a mulher tem um único folículo (bolsa com líquido que geralmente contém o óvulo) em desenvolvimento. Como veremos, na FIV os óvulos são coletados pela aspiração por ultrassom. Mas somente em 75% dos folículos aspirados recupera-se o óvulo, pois eles podem estar vazios (não conter oócito). Os óvulos também podem permanecer colados ao ovário ou na agulha de aspiração, após a sucção. Portanto, quando se parte de um único folículo, em 25% dos casos existe a possibilidade de que ele não seja aspirado. Se for aspirado, em 25 a 35% dos casos existe a possibilidade de que a fertilização não se efetive. Somente em 65 a 75% dos óvulos fertilizados *in vitro*, a fecundação concretiza-se de fato.

É necessário, portanto, que se estimule a ovulação com drogas injetáveis durante um período de dez dias, aproximadamente. As injeções são subcutâneas e na maioria das vezes não são muito doloridas; existem até canetas especiais que permitem a aplicação pela própria paciente ou pelo parceiro. Também está para ser lançada, em breve, uma droga que poderá ser aplicada uma vez por semana e substituirá as injeções diárias, tornando muito mais prático o tratamento. Daqui a alguns anos, os medicamentos injetáveis para estimulação ovariana poderão ser administrados por via oral.

Os ovários são avaliados durante o tratamento, por meio dos exames de ultrassonografia transvaginal (USG), para monitoramento dos folículos ovarianos. Amostras de sangue podem ser coletadas para análise quantitativa de hormônios como resposta da estimulação. Normalmente os níveis de estrógeno aumentam durante o desenvolvimento folicular.

Avaliando o USG e os testes sanguíneos, o médico pode determinar qual o melhor momento para a aspiração dos folículos, o que geralmente ocorre por volta do 14º dia do ciclo ou 12º dia de administração das drogas indutoras. Quando os folículos estão maduros (os maiores com 17 a 18 mm), a paciente recebe uma dose injetável de hCG, que substitui o hormônio LH natural, maturando os óvulos para a fertilização. A aspiração dos óvulos ocorre de 34 a 36 horas após a administração do hCG.

Cerca de 20% dos ciclos podem ser cancelados antes da aspiração por diversas razões, tais como a baixa resposta ovariana, principalmente em pacientes de mais idade ou com endometriose grave que já se submeteram a diversas cirurgias nos ovários. Como veremos adiante, os ciclos também podem ser cancelados para reduzir o risco de que ocorra a síndrome de hiperestimulação ovariana.

A coleta dos óvulos é realizada pela aspiração transvaginal guiada por ultrassom, um procedimento cirúrgico simples, que pode ser executado na clínica. Para maior conforto da paciente, administra-se uma leve sedação, acompanhada pelo anestesista (um procedimento que exige que a paciente esteja em jejum). A ponta do ultrassom é introduzida na vagina, para identificação dos folículos, juntamente com uma agulha, que é guiada até eles. Os óvulos são aspirados dos folículos pela agulha, conectada a um dispositivo de sucção. A remoção dos folículos geralmente dura cerca de

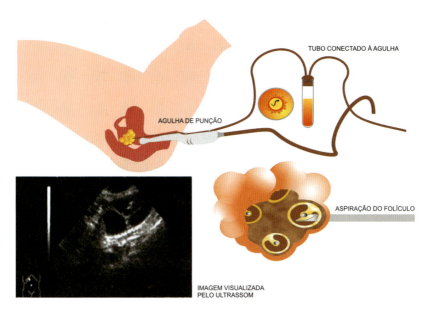

Figura 11 – Fertilização *in vitro* – Aspiração.

dez minutos. Tão logo termina a aspiração, a paciente acorda, e os sedativos geralmente não a deixam sonolenta. Porém, nesse dia, ela não deve dirigir.

Depois da aspiração, os óvulos são analisados no laboratório para que se verifiquem a sua maturidade e qualidade.

Os espermatozoides são separados do sêmen, obtido geralmente por ejaculação. Algumas vezes, no entanto, os espermatozoides são colhidos diretamente do testículo, como no caso dos pacientes vasectomizados.

A fecundação pode ser realizada por inseminação (FIV clássica), na qual os espermatozoides móveis são colocados junto aos óvulos e incubados durante quase um dia; ou pela injeção intracitoplasmática de espermatozoide (ICSI), em que um único espermatozoide é injetado diretamente em cada óvulo maduro.

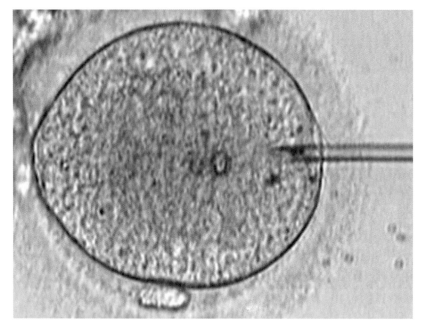

Figura 12 – Injeção intracitoplasmática de espermatozoide.

A ICSI é executada geralmente quando há possibilidade de fecundação reduzida. É o que ocorre quando a qualidade do sêmen é pobre ou quando o paciente já tem antecedente de falha de fecundação em um ciclo prévio de FIV, por ausência de espermatozoides no sêmen ejaculado.

Assim como a FIV clássica foi uma revolução no tratamento de quem tem obstruções tubárias, a ICSI foi uma revolução no tratamento do fator masculino. As taxas totais, de gravidez e de nascimentos, com a ICSI são similares às taxas relativas à FIV tradicional. Para a paciente, o tratamento com a ICSI não difere do da FIV; é igual em termos de estimulação ovariana, coleta de óvulos e transferência embrionária. A diferença entre ambos está na manipulação dos gametas no laboratório.

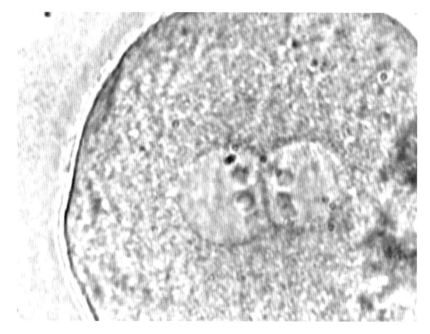

Figura 13 – Pronúcleos.

A visualização de dois pronúcleos no dia seguinte à aspiração confirma a fecundação do óvulo. Um pronúcleo é derivado do óvulo e o outro, do espermatozoide. De 40% a 70% dos óvulos maduros, aproximadamente, fertilizam após a FIV ou a ICSI. Taxas menores podem ocorrer se a qualidade do esperma e/ou do óvulo for pobre. Ocasionalmente, a fecundação não ocorre em nenhum óvulo, mesmo quando a ICSI é utilizada.

Dois dias após a recuperação do óvulo, ele já se dividiu para se transformar em embrião de duas a quatro células. No terceiro dia, um embrião conterá em torno de seis a dez células. E no quinto dia, uma cavidade cheia de líquido se forma no interior do embrião, e os tecidos da placenta e fetal começam a se separar. Nessa fase, o embrião é chamado de blastocisto.

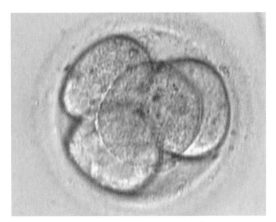

Figura 14 – Embrião com quatro células.

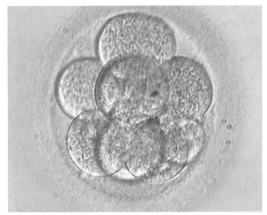

Figura 15 – Embrião com oito células.

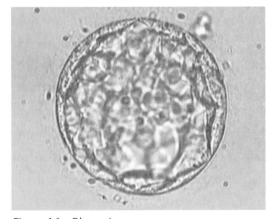

Figura 16 – Blastocisto.

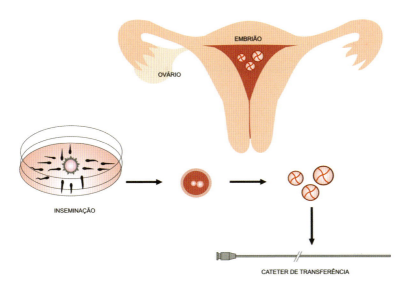

Figura 17 – Transferência de embriões.

A etapa seguinte do processo de fertilização *in vitro* é a transferência dos embriões, que pode ocorrer entre o segundo e o sexto dia após a aspiração folicular.

Não é necessário nenhum tipo de anestesia, embora algumas pacientes possam desejar um sedativo suave. O médico identifica a cérvice usando um espéculo vaginal. Um ou vários embriões são extraídos em um cateter de transferência, um tubo estéril longo e fino, com uma seringa em uma extremidade. Ele então guia delicadamente a ponta do cateter de transferência através da cérvice e coloca a contenção do líquido com embriões na cavidade uterina, geralmente guiado pelo ultrassom. O procedimento é normalmente indolor, embora algumas mulheres sintam uma leve cólica.

O número de embriões transferidos varia de acordo com a idade da mulher ou da doadora. Essas condições foram criadas para ajudar a manter as taxas de êxito elevadas nos centros de fertilização e diminuir as taxas de gestações múltiplas. A legislação brasileira permite a transferência de, no máximo, quatro embriões. O médico e o embriologista decidem com o casal o número de embriões que serão transferidos.

CONGELAMENTO DE ÓVULOS E EMBRIÕES

Caso haja óvulos ou embriões excedentes, eles podem ser congelados (criopreservados). Nós preferimos o congelamento de óvulos ao de embriões. Se a paciente produziu muitos óvulos, faz-se a fertilização em até quatro óvulos. Assim não se corre o risco de ter embriões excedentes.

Os óvulos excedentes ficam congelados para uma próxima tentativa. O congelamento de óvulos cria menos dilemas filosóficos, éticos e religiosos. Além disso, se ocorrer a separação ou a morte de um dos cônjuges, é muito mais fácil decidir o destino de óvulos congelados do que de embriões. Alguns casais não mantêm seus endereços atualizados e, embora seja raro, alguns também abandonam os embriões congelados, causando vários transtornos ao laboratório.

A criopreservação faz com que os ciclos futuros de FIV sejam bem mais simples, baratos e menos invasivos do que o ciclo inicial, uma vez que a mulher não necessita de estimulação ovariana nem de aspiração folicular. Para se ter ideia, o custo da FIV após o congelamento pode ser dez vezes mais baixo do que o normal, com estimulação ovariana e aspiração folicular.

Os embriões e óvulos são resfriados a menos 192° C, no nitrogênio líquido. Uma vez congelados, os embriões e óvulos podem ser armazenados por vários anos. Entretanto, nem todos os embriões sobrevivem ao processo de congelamento e descongelamento, e a taxa de nascimento é mais baixa quando são transferidos embriões criopreservados. É só imaginar uma garrafa cujo conteúdo líquido seja resfriado e passa para estado sólido; o seu volume aumenta e o frasco de vidro se quebra. Com as células embrionárias, o mesmo processo tende a ocorrer. Para que não aconteça, são adicionadas substâncias crioprotetoras, que impedem a expansão volumétrica. Porém, dá para imaginar por que a qualidade do óvulo e do embrião a fresco é melhor do que seus pares congelados.

TAXAS DE SUCESSO

Os fatores variam de acordo com a situação: a idade da paciente, o tempo e a causa de infertilidade.

Na clínica, pressupõem-se as chances de sucesso de acordo com a idade da paciente:

Acima de 40 anos – de 8 a 25%

De 38 a 39 anos – 30 a 35%

De 35 a 37 anos – em torno de 40%

Abaixo de 35 anos – de 45% a 70%

RISCOS DA REPRODUÇÃO ASSISTIDA

A estimulação ovariana pode acarretar a síndrome da hiperestimulação, em que os ovários repletos de folículos aumentam de volume e, em casos extremos, podem sofrer rotura, causando uma dor abdominal intensa que necessita de intervenção cirúrgica.

Os ovários hiperestimulados sintetizam grande quantidade de hormônios e substâncias, que alteram a parede de vasos sanguíneos, extravasando líquido para as cavidades do corpo, como a do tórax e a do abdômen. A situação é tratada com repouso, monitoramento de exames sanguíneos e hospitalização nos casos mais severos. Geralmente o quadro tende a se resolver em questão de dias.

Se ocorrer a gravidez, a síndrome pode persistir até o terceiro mês da gestação. Em casos mais severos, é possível ocorrer falência dos rins e o sangue passar a ter hipercoagulabilidade, eventualmente ocasionando trombose ou embolia e até mesmo a morte. Mas é muito raro que se chegue a uma situação de risco como essa. A síndrome ocorre mais em pacientes jovens e com ovários policísticos.

Existem várias medidas para se evitar a síndrome da hiperestimulação, tais como: administrar menos medicamentos; interromper por um ou dois dias o processo de estimulação; não prescrever o hormônio hCG (o principal fator desencadeador da síndrome) ou reduzir sua dosagem; administrar medicamentos como albumina e cabergolina. Em casos suspeitos, em que o estradiol está muito alto e os ovários estão repletos de pequenos folículos, em vez de fazer a transferência dos embriões, deve-se congelá-los ou os óvulos, esperar a situação se normalizar e proceder a implantação em um ciclo subsequente. Isso evita a gravidez naquele ciclo, que agravaria a crise e sua duração.

Sangramento vaginal ou ovariano, lesão nas alças ou bexigas e infecções são acidentes que raramente ocorrem na punção da aspiração folicular.

RISCOS DE GESTAÇÃO MÚLTIPLA

As chances de gestação múltipla aumentam na reprodução assistida, quando mais de um embrião é transferido. Para se ter uma ideia, após a transferência de quatro embriões, se a paciente engravidar, em média a chance de os quatro implantarem é de 1 a 3%; de três implantarem, de 3 a 11%; de dois, de 20 a 30%; e um, em torno de 60%. Isso demonstra que, mesmo quando se transfere quatro embriões, na maior parte das vezes a gestação é única ou com dois embriões. Porém, hoje em dia, com a melhoria dos laboratórios de FIV e pelos riscos da gestação múltipla, a tendência é transferir menos embriões. O principal inconveniente da gestação múltipla é o risco de trabalho de parto prematuro. Também é mais frequente o risco de hipertensão, diabetes, anemia, infecção urinária e necessidade de parto cesariana na gestação gemelar.

Abortamentos podem ocorrer após o tratamento, praticamente na mesma incidência da gestação naturalmente concebida, ou seja, em torno de 15% até os 35 anos, podendo chegar até 35% aos 42 anos.

Embora seja assunto controverso na medicina, a maioria dos estudos não demonstra aumento de malformações em crianças concebidas por reprodução assistida. Nos estudos realizados sobre essa situação, esse aumento é discreto: até 3,5% quando comparados ao índice de 1 a 2% das gestações naturais.

O QUE FAZER DEPOIS DE VÁRIAS TENTATIVAS SEM SUCESSO

Hatching assistido

Antes de se implantar na cavidade uterina, o embrião no quinto dia de desenvolvimento (conhecido por blastocisto) sofre um processo natural denominado *hatching*. O *hatching* consiste na ruptura de uma membrana que envolve o blastocisto, chamada zona pelúcida, que ocorre após a expansão deste e permite que o embrião saia desse escudo e se implante no endométrio uterino.

O *hatching* assistido é indicado depois de duas ou três tentativas de fertilização *in vitro* frustradas, ou se a zona pelúcida é muito espessa ou, ainda, se os embriões têm muita fragmentação. Trata-se de um procedimento microcirúrgico em que se faz uma pequena incisão na zona pelúcida, para teoricamente facilitar o *hatching* natural. Os fragmentos embrionários em excesso também podem ser removidos por meio do *hatching*.

Diagnóstico genético pré-implantacional

Consiste na retirada de células do embrião (ou até do óvulo) para pesquisa de anomalias genéticas e cromossômicas antes da implantação embrionária. Assim, os embriões com anomalias não são implantados no útero, que só recebe embriões sadios. Isso teoricamente pode aumentar as chances de gravidez. Discorreremos mais sobre essa técnica em um capítulo posterior.

Doação de óvulos

Os óvulos de mulheres mais jovens têm melhor qualidade por apresentarem menos anomalias genéticas. Portanto, os embriões gerados com óvulos recebidos por doação seriam mais aptos a gerar uma gravidez. Isso é o que abordaremos no próximo capítulo.

O QUE FAZER QUANDO NÃO SE TEM CONDIÇÕES PARA CUSTEAR O TRATAMENTO?

Muitas clínicas oferecem hoje programas com descontos para quem tem poucas possibilidades financeiras. É feita uma análise da renda do casal e são oferecidos abatimentos conforme suas possibilidades.

Foi aprovada uma lei segundo a qual os convênios serão obrigados a cobrir todos os exames relativos aos tratamentos de infertilidade e fertilização *in vitro*.

Do mesmo modo, uma nova norma permite que consórcios possam ser utilizados para aquisição de tratamentos médicos, tais como cirurgias plásticas e fertilização *in vitro*.

Alguns hospitais públicos oferecem tratamentos inteiramente gratuitos ou cobram apenas os medicamentos.

O desenvolvimento da técnica de maturação *in vitro* permitirá que o tratamento seja feito sem a utilização de drogas estimuladoras, criando-se uma possível alternativa para quem deseja um tratamento mais acessível.

CAPÍTULO 9

DOAÇÃO DE GAMETAS E PRÉ-EMBRIÕES

O casal pode optar por um doador se há problema com seus gametas (espermatozoides ou óvulos) ou se tem uma doença genética que poderia ser transmitida à criança.

Os doadores são obrigatoriamente anônimos. Não é permitido que parentes, amigos ou pessoas conhecidas doem óvulos ou sêmen para o casal em tratamento, diferentemente da barriga de aluguel, em que a lei dá preferência para que a receptora e os pais biológicos sejam parentes. Os casais e doadores são obrigados a assinar um termo no qual concordam que, em hipótese nenhuma, a clínica revelará a identidade dos envolvidos.

Na maioria dos casos, o esperma doado é obtido de um banco de sêmen. Os doadores do sêmen submetem-se a uma seleção médica e genética extensiva, assim como a testes para doenças infecciosas. O esperma é congelado e mantido em quarentena por seis meses. O doador é reexaminado para se verificar a existência de doenças infecciosas que incluam o vírus da AIDS, hepatite e outras doenças sexualmente transmissíveis, como a sífilis e a gonorreia. As amostras somente são liberadas para o uso se todos os testes forem negativos.

O sêmen doado pode ser usado para a inseminação ou fertilização. Geralmente as taxas de sucesso não diminuem quando se utiliza esperma congelado para FIV ou ICSI, mas, para inseminação, há prejuízo da eficácia com material congelado.

A doação de óvulos é uma opção para as mulheres que têm dificuldade para engravidar por problemas na ovulação, especialmente as menopausadas ou com idade mais avançada. As doadoras são mulheres jovens, escolhidas de acordo com as características genéticas, e igualmente anônimas. Assim como ocorre com o doador de sêmen, faz-se todo um rastreamento para excluir doenças transmissíveis.

Esse tipo de doação é mais complexo do que a doação de sêmen, pois a doadora se submete à estimulação ovariana e à aspiração folicular, doando 50% dos óvulos obtidos. Durante esse período, a receptora (mulher para quem os óvulos serão doados) recebe hormônios, preparando o útero para a implantação. Após a aspiração, os óvulos são fertilizados com o sêmen do marido da receptora, e os embriões enfim transferidos para o seu útero.

Em alguns casos, quando o homem e a mulher são inférteis, ambos, o sêmen e os óvulos, podem ser doados. Também há a possibilidade de doação de pré-embriões frescos e congelados.

A doação de gametas pode ser considerada meia adoção. Como as características físicas do(a) doador(a) são parecidas com as de quem vai receber, com tipo sanguíneo compatível, isso torna o método muito interessante, pois o casal pode manter total sigilo sobre o procedimento.

Algumas mulheres e homens não aceitam a doação de gametas, pois seu conceito de maternidade ou paternidade inclui a transmissão da sua genética para os filhos. Nesse caso, a ovo-doação, a doação de sêmen e até mesmo a adoção não são alternativas apropriadas.

Para outras mulheres, ser mãe é passar pelo processo da gestação e do parto, pouco importando a genética. Elas sabem que, se tivessem filhos gerados por seus óvulos, isso não seria garantia de que eles herdariam as suas características. Quantas crianças geradas por concepção natural têm a aparência do pai, sem nenhuma característica da mãe, ou vice-versa?

É interessante ver mulheres grávidas de 45 ou 50 anos que ninguém, nem mesmo médicos, desconfiam de que utilizaram a ovo-doação. Essas mulheres ficam tão felizes com a gravidez que muitas vezes até se esquecem de que passaram pelo processo de doação de gametas.

CAPÍTULO 10

DIAGNÓSTICO GENÉTICO PRÉ-IMPLANTACIONAL (PGD)

O diagnóstico genético pré-implantacional (PGD) é uma técnica usada para detectar defeitos cromossômicos ou anomalias genéticas antes de se transferir embriões para o útero.

É realizada com material genético removido de uma ou duas células embrionárias, quando elas estão no seu terceiro dia de desenvolvimento (célula denominada blastômero). A membrana que reveste o embrião é incisada com o auxílio do *laser*, de um ácido ou de uma agulha microscópica. O blastômero é então cuidadosamente removido pela suave sucção de uma micropipeta. Embora pareça assustador, em mãos experientes o risco de dano ao embrião é menor que 1%.

A pesquisa também pode ser realizada pela extração do corpúsculo polar, uma célula que é liberada juntamente com o óvulo e tem os mesmos genes e cromossomos deste. Nesse caso ela é realizada de seis a 24 horas após a aspiração dos óvulos.

Figura 18 – PGD - biópsia embrionária.

O PGD vem sendo usado por mais de uma década. Porém, o seu desenvolvimento, conhecimento e utilização são limitados, porque ele é oferecido somente em um pequeno número de centros em todo o mundo.

Esse procedimento oferece grandes vantagens, pois permite a detecção de anomalias genéticas no estágio de concepção do embrião, possibilitando que somente embriões livres de desordens genéticas sejam transferidos na fertilização *in vitro* (FIV).

Os cromossomos são as estruturas que contêm os genes, responsáveis por todas as nossas características. A espécie humana possui 23 pares de cromossomos, presentes em todas as células, com exceção dos óvulos e espermatozoides, que só possuem um representante de cada par de cromossomos.

Os problemas genéticos ocorrem quando, na divisão dos cromossomos, os óvulos ou espermatozoides ficam com cromossomos a menos ou a mais (aneuploidias) ou carregam um segmento cromossômico a menos (deleção) ou a mais (translocações). Em todas essas situações, após a fecundação, os embriões gerados têm um número equivocado de cromossomos. Isso muitas vezes faz com que a evolução embrionária seja interrompida nos primeiros dias após a fertilização, impedindo a gravidez clínica, provocando o abortamento ou ocasionando o nascimento de uma criança com malformações.

Essas anomalias dos cromossomos, ditas estruturais, podem ser detectadas pelo PGD. Como essa técnica é realizada no terceiro dia do desenvolvimento embrionário e a análise demora um dia, os embriões que demonstram alguma desordem não são transferidos no quinto dia, somente os sadios.

A avaliação da aneuploidia beneficia particularmente três grupos de pacientes: aquelas com abortamento de repetição, aquelas com várias falhas de implantação embrionária após a fertilização *in vitro* e as pacientes de idade avançada. As pesquisas das deleções e translocações auxiliam as pacientes com abortamento de repetição. De fato, se o PGD for realizado quando um dos pais é portador de uma dessas alterações, o risco de abortamento pode diminuir de até 95% para 13%.

O PGD ainda possibilita o diagnóstico de algumas alterações genéticas (mutações). Mais de cem desordens podem ser detectadas. O histórico familiar ou o antecedente de uma criança nascida com anomalias como fibrose cística, β-talessemia, doença de Tay Sachs, síndrome de Marfan, anemia de Fanconi, entre outras, constituem indicações para o PGD.

Doenças genéticas ligadas ao cromossomo X, em que a mulher é portadora dos genes e os transmite somente aos filhos do sexo masculino, também podem ser evitadas. Por exemplo, hemofilia, distrofia muscular e retardo mental ligado ao X. Nesse caso, somente os embriões do sexo feminino são transferidos para o útero.

Se uma mulher com tipo sanguíneo Rh negativo teve um filho Rh positivo e não recebeu a vacina, ela ficará sensibilizada e poderá produzir nas próximas gestações anticorpos que atacarão fetos Rh positivos, mas não Rh negativos. Os anticorpos assim produzidos agridem os glóbulos vermelhos dos fetos Rh positivo, ocasionando anemia, insuficiência cardíaca e até mesmo a morte, caso não sofram transfusão intraútero ou não tenham parto antecipado. O PGD pode selecionar somente embriões Rh negativo para transferência ao útero, evitando esses transtornos durante a gravidez.

A maior limitação do PGD é a impossibilidade de se fazer a seleção genética quando não se obtém um número suficiente de embriões de boa qualidade. Ou seja, se são poucos os embriões disponíveis, pode não haver um número suficiente de embriões sadios para transferência.

É o que pode acontecer com as mulheres de idade reprodutiva avançada. Elas geralmente respondem mal à estimulação ovariana, produzindo poucos óvulos, que têm menor taxa de fertilização. Consequentemente, o número de embriões formados é menor. Além disso, mulheres com idade reprodutiva avançada normalmente têm uma porcentagem maior de embriões aneuploides que as mulheres mais jovens. De fato, após os

40 anos, até 80% dos embriões dessas pacientes podem estar afetados por aneuploidias.

O diagnóstico do PGD também não é simultâneo para análise das aberrações cromossômicas e defeitos genéticos simples. Assim sendo, mesmo quando um embrião é testado para uma determinada mutação genética e o resultado é negativo, nada impede que ele possa estar acometido por uma aneuploidia, que não pode ser diagnosticada simultaneamente.

Como o PGD ainda onera significativamente o preço da fertilização, é questionável o uso dessa técnica em mulheres de idade avançada quando se considera o custo-benefício.

A falha do método está em torno de 1 a 10%, dependendo da doença e da técnica utilizada. A pesquisa do sexo embrionário para afastar doenças ligadas ao X é o que apresenta maior grau de exatidão, em torno de 99%; ao passo que o rastreamento de aneuploidias é menos preciso, 90% de acertos. Isso se deve ao fato de que os embriões podem apresentar uma condição chamada mosaicismo, em que algumas células são normais enquanto outras estão afetadas. Como uma única célula é retirada para estudo, compreende-se que essa técnica seja inferior ao diagnóstico pré-natal, quando se pesquisa alterações genéticas durante a gravidez. Nesse caso, centenas ou até milhares de células fetais podem ser obtidas do líquido amniótico ou do vilo corial (material placentário) para análise genética. Por isso, mesmo com PGD normal, é necessário que a paciente faça também, caso engravide, o diagnóstico pré-natal de alterações genéticas.

O PGD não pode ser utilizado em mulheres que conceberam naturalmente ou por inseminação intrauterina, pois são necessárias células embrionárias no estágio pré-implantacional para a realização dessa técnica, e isso só é possível com a fertilização *in vitro*. Nas concepções naturais ou por inseminação intrauterina, outras formas de avaliações pré-natais (durante a gestação) são necessárias, incluindo a pesquisa genética de material obtido por aminiocentese ou a biópsia de vilo corial e o ultrassom morfológico, para detecção das malformações fetais.

Embora o número de nascidos vivos após o PGD no mundo todo seja ainda pequeno comparado aos dos nascidos por FIV/ICSI (pouco mais de mil), essas crianças não apresentaram maior índice de malformações ou qualquer outro tipo de anormalidades.

CAPÍTULO 11

MATURAÇÃO *IN VITRO* (MIV)

A maturação *in vitro* de oócitos (MIV) ou IVM consiste na captação de óvulos imaturos e seu subsequente amadurecimento em laboratório. Esse procedimento dispensa a estimulação hormonal tradicional da FIV. Após a aspiração dos óvulos, a maturação desses gametas ocorre em laboratório, em um período de 24 a 48 horas. Em seguida são realizados a fertilização dos óvulos pela técnica de ICSI, o cultivo dos pré-embriões *in vitro* e a transferência embrionária.

A estimulação hormonal ovariana tem uma série de desvantagens, entre elas o alto custo dos medicamentos e a necessidade de administração diária de injeções e monitoramento hormonal e ultrassonográfico constante. Na maturação *in vitro*, o monitoramento é mais curto e bem mais simples. Geralmente requisita-se o comparecimento da paciente à clínica de fertilização em poucas ocasiões, antes da coleta dos óvulos, o que simplifica a assistência a casais vindos de cidades que não contam com serviços especializados. Além disso, a paciente não tem que se submeter às punções das injeções.

Outra grande vantagem desse método é o benefício que ele traz às mulheres consideradas "altas respondedoras", principalmente as portadoras de ovários policísticos, pois elas não precisam ser submetidas à incitação ovariana. Isso elimina os riscos de desenvolverem resposta exagerada, uma complicação denominada síndrome da hiperestimulação ovariana.

Até o presente momento, esse procedimento se mostrou seguro e não demonstrou aumentar o risco de abortamentos ou malformações entre as centenas de mulheres que engravidaram por meio dele.

A sua grande desvantagem é o fato de que a implantação embrionária parece menor pela MIV. As taxas de gestação nos centros mais desenvolvidos do mundo não ultrapassam 30 a 40%, taxas inferiores às da fertilização *in vitro* tradicional.

INDICAÇÕES

O tratamento deve ser considerado quando há um risco elevado de a paciente apresentar a síndrome da hiperestimulação ovariana. A principal indicação é a síndrome dos ovários policísticos (SOP). Recomenda-se a MIV a toda paciente com SOP que não conseguiu atingir a gestação após seis ciclos de indução da ovulação, ou a qualquer paciente com SOP que tenha indicação de FIV.

Outras indicações são:

• Pacientes que realizaram FIV com embriões de má qualidade em ciclos repetidos, por causa desconhecida.

- Preservação da fertilidade em mulheres acometidas por câncer que necessitem de tratamento (radioterapia, quimioterapia) em curto espaço de tempo; e que não possam ser estimuladas com hormônios, pelos efeitos que a estimulação pode exercer sobre o tumor e pelo tempo prolongado do ciclo de estimulação.
- Para quem deseja realizar doação de óvulos.
- Mulheres jovens que desejam preservar a fertilidade.

Casais de baixa renda, sem condições de custear uma fertilização *in vitro* tradicional. Como não há a necessidade de administrar hormônios injetáveis (gonadotrofinas), o valor do tratamento pode equivaler à metade de uma fertilização *in vitro* tradicional.

Com o seu desenvolvimento e a melhora nas taxas de gestação, em um futuro próximo a maturação *in vitro* poderá se tornar a primeira opção para qualquer pessoa que necessite de FIV.

CAPÍTULO 12

ABORTAMENTO HABITUAL

Abortamento habitual é a condição em que a paciente passa por três ou mais abortamentos espontâneos consecutivos. Na prática, porém, quando ocorrem duas perdas sucessivas já se inicia uma investigação diagnóstica.

O aborto é comum durante a gestação. É algo que se verifica entre 15 a 25% das mulheres que engravidam, dependendo da faixa etária da paciente. Quanto maior a idade, maior o risco.

Na maioria das vezes, os abortos se sucedem por acidentes na formação dos embriões. Quando estes são gerados com um número de cromossomos anormal (diferente de 46), ocorrem fetos malformados, cujo desenvolvimento na maioria das vezes não se completa.

O abortamento habitual, por outro lado, é bem mais raro e envolve várias outras causas. As principais são: alterações hormonais, alterações cromossômicas, infecções, alterações anatômicas ou desordens uterinas, produção de anticorpos maternos contra o embrião ou a placenta (fator imunológico), fatores sem causas conhecidas ou idiopáticos (muitos destes podem ser perturbações genéticas), causas ambientais ou intoxicações por produtos químicos.

Anomalias nos cromossomos de um dos pais podem estar presentes em 3 a 8% dos casos e podem ser diagnosticados pelo exame do cariótipo colhido do sangue do casal. O cariótipo mostra se o número de cromossomos está correto, se falta um segmento em um determinado cromossomo ou, ao contrário, se há frações em excesso em algum deles. Por exemplo, um segmento do cromossomo 14 pode não estar situado no 14, e sim aderido ao 17. Nesse caso, embora os pais sejam indivíduos sadios e tenham cromossomos e genes equilibrados, balanceados, na divisão para formar o óvulo ou o espermatozoide ocorre o desequilíbrio. Após a fecundação, o embrião formado não terá o número correto de cromossomos. Veja a ilustração:

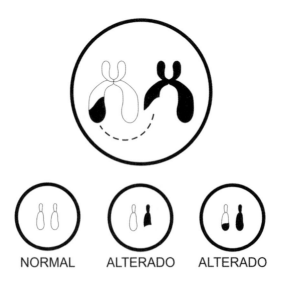

Figura 19 – Translocação balanceada.

Quando ocorre um abortamento, o material retirado do útero permite a análise do cariótipo fetal. Se o resultado for normal, praticamente se exclui a possibilidade de problemas nos cromossomos dos pais.

Entre os fatores possivelmente relacionados com abortamentos de repetição estão o contato constante com tetracloroetileno (um produto presente na lavagem a seco) e o uso excessivo de álcool e cigarro, principalmente se consumidos diariamente. Já se falou muito sobre cafeína e gases anestésicos, mas já foram descartados como possíveis causas.

As alterações endócrinas como deficiência de progesterona, diabetes, problemas da glândula tiroide e síndrome dos ovários policísticos também têm sido associadas a abortamentos de repetição.

A progesterona é o hormônio produzido pelo ovário após a ovulação; seu papel é levar ao útero, por meio da corrente sanguínea, a informação para que o endométrio e suas glândulas se encham de sangue e sintetizem o máximo de substâncias para nutrir o embrião, que se implantará ali. A progesterona nada mais é que o comandante que transforma a matriz uterina e a membrana que o reveste (endométrio) em um ninho, para ali se desenvolver o feto e a placenta.

Na deficiência de progesterona, o solo uterino se torna árido e o embrião não prossegue seu desenvolvimento após atingir o útero. Ele pode interromper a evolução antes do atraso menstrual e, nesse caso, a pessoa nem se dá conta de que houve fecundação, ou o abortamento pode ocorrer mais tardiamente, até o terceiro mês de gestação.

Para se diagnosticar a deficiência de progesterona, devem ser feitas dosagens sanguíneas desse hormônio, pelo menos uma oito a dez dias após a ovulação. No mesmo dia, procede-se à biópsia do endométrio, que consiste na retirada indolor de um pequeno fragmento do endométrio por meio de uma sonda introduzida no útero. Esse fragmento é encaminhado ao laboratório para análise microscópica, na qual se verifica se o endométrio estudado está em um estágio de desenvolvimento compatível com o dia da coleta. Se o estágio verificado ao microscópio for inferior a dois dias, quando comparado ao dia da coleta, constata-se que o endométrio está subdesenvolvido e, portanto, há deficiência de progesterona. Níveis de progesterona inferiores a 5 ng/ml também indicam deficiência.

O tratamento é um dos mais promissores se a reposição de progesterona for iniciada, de preferência, com comprimidos administrados por via vaginal, desde a ovulação até o terceiro mês da gestação. O risco de abortamento passa a ser igual ao da população em geral, ou seja, entre 15 e 20%.

Dentre as causas anatômicas, as mais comuns são: miomas localizados na cavidade uterina (ditos submucosos), septos e cicatrizes uterinas.

Os miomas submucosos causam cólicas, sangramento menstrual exacerbado e abortamentos, pois fraudam o desenvolvimento do feto devido à pouca vascularização sanguínea da sua superfície, e aumentam a contratilidade uterina, favorecendo a expulsão fetal.

Os septos são defeitos congênitos; a pessoa nasce com uma parede que divide a cavidade uterina em duas.

Como o septo é um tecido com pouca irrigação sanguínea, ele impede o crescimento do embrião que se implanta ali.

As cicatrizes uterinas são sequelas de curetagens realizadas geralmente após um abortamento, com finalidade de limpar o órgão matriz. A paciente com cicatriz no interior do útero pode apresentar diminuição ou ausência de menstruação. Como no septo, o tecido fibroso e mal irrigado da cicatriz não permite a implantação embrionária.

O diagnóstico de todas essas aberrações é feito pela histerossalpingografia, um raio X contrastado do útero e confirmado pela vídeo-histeroscopia. Essa técnica consiste em uma endoscopia uterina que permite não só visualizar essas alterações, mas também removê-las cirurgicamente sem cortes ou suturas, corrigindo as anomalias.

Abortamentos mais tardios (quarto, quinto ou sexto mês de gravidez) podem ser causados por incompetência istmocervical (IIC). Nesse caso, o orifício do colo do útero, como o gargalo de uma garrafa, abre-se com o peso do saco gestacional, permitindo que o produto conceptual seja expelido pela vagina de maneira praticamente indolor. A pessoa pode nascer com IIC ou pode adquiri-la em consequência das dilatações forçadas que o médico é obrigado a fazer durante a curetagem para a limpeza da cavidade uterina pós-abortamento.

O exame clínico, a histerossalpingografia e o USG transvaginal na gestação são os instrumentos eleitos para se diagnosticar a principal causa de abortamentos tardios (após o terceiro mês).

A circlagem, uma sutura realizada ao redor do colo do útero entre o terceiro e quarto mês da gravidez, que restaura a continência do órgão matriz, é um tratamento com ótimos resultados.

Embora vários tipos de vírus possam causar abortamentos esporádicos, como essas infecções são passageiras, elas não são causas de perdas de repetição. Por outro lado, algumas bactérias podem se instalar silenciosamente no trato genital feminino e sabotar a evolução embrionária. São exemplos os microrganismos micoplasma e clamídia. As pesquisas de secreções no interior do útero revelam a presença dessas bactérias, e o tratamento com antibióticos é bastante efetivo para banir essas criminosas.

Mulheres que produzem determinados autoanticorpos, denominados antifosfolípides, estão sujeitas a perdas fetais e trombose. Esses anticorpos, conhecidos como anticardiolipina e anticoagulante lúpico, desencadeiam reações no organismo que agridem as paredes de vasos sanguíneos e ocasionam a formação de trombos que obstruem esses vasos. Se presentes em quantidade elevada, as pacientes acometidas devem receber injeções de anticoagulantes e baixas doses de aspirina durante toda a gestação, para diminuir o risco de trombose e infarto placentário, que é o que determina a morte fetal.

As outras causas de abortamento habitual são mais raras e mais controversas na medicina. Nem todos os protocolos de sociedades de reprodução humana recomendam a pesquisa e o tratamento dos fatores que abordaremos agora.

A associação entre tendência a tromboses (trombofilias) e o abortamento habitual, com exceção do caso dos anticorpos antifosfolípides, gera discussão.

Várias condições predispõem a paciente para um evento trombótico. Como modelos, existem mães portadoras de mutações genéticas para fatores da coagulação; outras apresentam deficiência de enzimas que ajudam na dissolução de trombos.

Também se debate se essas condições que aumentam o risco do evento trombofílico também aumentam o risco de abortamentos de repetição. Nenhum grande estudo de peso estatístico válido concluiu que haja uma associação entre trombofilias e abortamento habitual. De qualquer modo, diversos estudos menores sugerem que pode haver uma ligação entre ambos, principalmente quando nenhuma outra causa é identificada. Se for esse o caso, a utilização de anticoagulantes injetáveis seria uma medida possivelmente eficaz para essas pacientes.

Outro ponto polêmico é a validade de se administrar vacinas contra os leucócitos (glóbulos brancos) do marido em mulheres que não os reconhecem como estranhos ao seu corpo (estudo denominado *cross-match* ou prova cruzada de leucócitos). Esse reconhecimento, em teoria, seria fundamental para que o embrião, assim que chegasse ao útero, provocasse na mãe uma reação de imunossupressão (proteção) ao futuro feto. No entanto, além de ser um tratamento caro, não existem estudos estatisticamente bem delineados que atestem a real eficácia desse modelo terapêutico.

Sendo assim, um casal com perda gestacional de repetição deve ser submetido aos seguintes exames, inicialmente:

Cariótipo do casal e, quando possível, fetal.

Pesquisa e ou cultura na cérvice uterina de micoplasma e clamídia.

Histerossalpingografia e ou histeroscopia.

Hormônio Tireoestimulante (TSH), glicemia e prolactina.

Níveis de progesterona, oito a dez dias após a ovulação.

Avaliações autoimunes: pesquisa de anticorpos anticardiolipina e anticoagulante lúpico.

Os exames questionáveis são para pesquisa de trombofilias: dosagem de antitrombina III, proteína c, proteína s, mutação da protrombina G, pesquisa do fator V de Leiden, homocisteína. Outros discutíveis são para avaliação do sistema HLA (antígenos presentes nos leucócitos ou glóbulos brancos): *cross-match* ou prova cruzada de leucócitos.

Quando um casal com histórico de abortamento habitual é incapaz de conseguir sucesso naturalmente, outras modalidades de tratamento devem ser propostas. Opções para melhorar as probabilidades de concepção pela mãe, como o uso de superovulação, inseminação artificial ou fertilização *in vitro*, podem ser consideradas. Em casos mais difíceis, métodos como doação de óvulos ou espermatozoides, barriga de aluguel ou adoção podem ser indicados.

Os sentimentos de perda e frustração causados pela perda gestacional recorrente se equiparam aos da infertilidade. Não é simplesmente um feto que se elimina, mas a perda de um filho e de todos os sonhos nele projetados.

A mulher que tem abortamentos espontâneos sucessivos não sabe se fica feliz ou triste ao receber o resultado positivo de um teste de gravidez.

Se você vive essa situação e se sente culpada por não estar conseguindo manter a gestação, saiba que o pecado não é seu. O simples fato de tentar de novo mostra o quanto você deseja esse filho.

Se procura ajuda médica e se submete a testes estressantes, é porque você, mais do que ninguém, faria qualquer coisa para ter esse filho. E certamente está fazendo o melhor que pode.

Às vezes, na vida, o sofrimento é um mal necessário. É o substrato da resistência. É o exercício da perseverança. Só erguendo peso nossos músculos se desenvolvem. Só padecendo nos tornamos mais fortes. Se o fardo é muito pesado, divida com um membro da família, seu cônjuge, seus pais, uma amiga. Se preferir, estabeleça um limite. Predetermine até quantas vezes pode tentar.

Nos capítulos seguintes, você aprenderá a usar as terapias cognitivas e alternativas, tais como meditação e grupos de autoajuda, para superar o medo e a culpa. E verá que tem boas chances de conseguir!

CAPÍTULO 13

TERAPIA COGNITIVA

A reestruturação cognitiva é um método que nos ajuda a identificar pensamentos negativos, questionar sua veracidade e validade e substituí-los por outros, mais positivos e verdadeiros, aliviando o sofrimento emocional. Trata-se de uma técnica baseada na terapia cognitiva desenvolvida por Aaron Beck, a qual postula que a origem da depressão e da ansiedade são os pensamentos negativos e não o contrário.

POR QUE FAZER TRATAMENTO?

Uma das coisas sobre as quais você deve refletir antes de iniciar um tratamento é por que engravidar. Quais as razões? Quais as vantagens? Elas superam as adversidades? Imagine você com filhos. É isso mesmo que deseja? Agora imagine-se sem filhos.

Esse é o momento de fazer sua escolha, de decidir se realmente almeja ter filhos. Você precisará ter as vantagens dessa decisão bem sedimentadas na sua mente. Esse será o seu trunfo para superar as desventuras.

ENTENDENDO A EFICÁCIA DOS MÉTODOS TERAPÊUTICOS

Em primeiro lugar, todo tratamento tem uma eficácia que varia de acordo com a modalidade de tratamento e a idade da mulher.

Assim, imagine que você esteja em uma sala, em um grupo de cem mulheres da mesma idade, que estão fazendo tratamento de fertilização *in vitro* (poderia ser inseminação ou estimulação ovariana), com uma taxa de gravidez de 40%. Depois do primeiro ciclo, quarenta engravidariam e restariam sessenta sem gestar. Se você fosse uma das que não lograram êxito, como se sentiria? Mas, se ao contrário, obtivesse um resultado positivo, como consolaria alguém que não conseguiu? Imagine que você seja uma das sessenta que não engravidaram e que agora parte para a segunda tentativa. Vinte e quatro agora estão grávidas; porém, trinta e seis permanecem frustradas. Se você estivesse no grupo das felizardas, que diria para as que não conseguiram?

No entanto, se você precisou de uma terceira tentativa, das trinta e seis, desta vez quinze engravidaram. Restaram onze sem gestação, do grupo inicial de uma centena.

Note que, após três ciclos de um tratamento de eficácia de 40% por tentativa, o êxito ocorre praticamente em 90% dos casos.

Ao final de seis ciclos, apenas duas das cem não teriam obtido sucesso. Portanto, um tratamento com taxa de 40% por ciclo, ao final de seis tentativas, passa a ter uma taxa de praticamente 100%. Imagine se esse rendimento for de 50, 60 ou 70% por ciclo, como esse tratamento pode atingir em determinadas situações, com pacientes jovens. É ou não altamente eficaz?

O que ocorre com muitas mulheres é que, ao final de uma tentativa com resultado negativo, elas caem em depressão e desistem.

Lembre-se da sala cheia de mulheres como você e pense no que diria para sua colega que não conseguiu o resultado, considerando que você tivesse tido sucesso. Agora tente imaginar o que você estaria pensando caso tivesse obtido um resultado negativo. Veja como seria muito mais rude com você do que com os outros. E é isso que precisa mudar.

COMBATENDO AS REFLEXÕES PESSIMISTAS, CONHECENDO AS RESPOSTAS COMPENSADORAS

Agora que você tem noção de como funciona qualquer tratamento de infertilidade, vamos atacar as ideias sabotadoras, que provocam desânimo, depressão, irritabilidade e ansiedade, e conhecer sua resposta compensadora. Veja alguns exemplos comuns:

- *Pensamento pessimista*: "Não é justo que eu tenha que fazer tratamento!"
- *Resposta compensatória*: A vida não é justa com ninguém. Pergunte ao diabético, ao cardiopata, ao portador de câncer, ao dependente químico e seus familiares, ao doente mental e seus familiares, ao deficiente físico, aos que sofrem com o racismo, à mulher fiel que adquire HIV do marido infiel, à gestante

que dá à luz um filho malformado, à gestante que aborta, à mãe que perde um filho em acidente ou por doença, à mulher que sofre um estupro, aos povos em guerra – melhor parar, do contrário não termino o livro! Você não é a única sofredora, portanto aceite com resignação. Você não gosta, mas provavelmente pega filas, paga contas e faz muitas outras coisas porque não tem outra escolha. Ninguém vai fazer isso por você.

Aqui é necessário refletir o quanto e por que você quer esse filho. O que ele vai trazer de bom para você. O quanto vale a pena lutar por ele. Se daqui a dez anos você olhar para trás, vai se arrepender de ter feito o tratamento? Ou vai se arrepender de não ter feito? Fique feliz, porque há um arsenal de recursos que a medicina põe à sua disposição. Alguns anos atrás seus ancestrais não tinham a mesma oportunidade. Um homem com um milhão de espermatozoides há trinta anos não tinha a menor possibilidade de ter filhos. Se fosse dada a ele a chance de fazer um ICSI, o que será que ele faria? Nada na vida é fácil.

- *Pensamento pessimista*: "O tratamento é muito difícil! Vou desistir..."
- *Resposta compensatória*: As grandes conquistas são difíceis. Está certo que para algumas pessoas engravidar foi fácil. A menina que teve a primeira relação e engravidou, a sua irmã que parou a pílula no mês anterior e já está grávida. Mas provavelmente existem coisas na vida que você adquiriu com mais facilidade

do que elas, ou vantagens que você possui que outras pessoas não têm. Para você, engravidar será uma grande conquista, tal como ganhar uma Copa do Mundo ou passar no vestibular. Se for uma provação, mais uma vez servem as palavras: resignação, fé e luta. Você não queria que fosse assim, mas é a realidade e você tem que superar. Afinal, pense em quantas situações difíceis você já sobrepujou e temia não conseguir. Pare de ter pena de si mesma e vá buscar seu objetivo com planejamento e coerência. Desistir seria aceitar que não quer engravidar, o que não é verdade. Você está cansada neste momento, saia para se distrair ou faça algo para relaxar, que esse pensamento logo se dissipará.

- *Pensamento pessimista*: "Tentei mais uma vez e não deu certo. Nem com o tratamento consigo engravidar..."
- *Resposta compensatória*: Releia a teoria da sala e veja que você não tem razão para pensar assim.
- *Pensamento pessimista*: "Não quero nada que seja tratamento por reprodução assistida ou artificial. Se for assim, prefiro desistir!"
- *Resposta compensatória*: Ok. É um direito seu. Mas você está negando a si mesma as vantagens de viver no século XXI. Também pretende se isolar no meio do mato e dar adeus à TV, ao DVD, ao computador, à internet, ao telefone, ao caixa eletrônico, ao automóvel, a tudo que foi criado pela inteligência que Deus deu ao homem? Costumo observar embriões maravilhosos e dizer, "Nossa! Esta paciente vai engravidar!",

mas ela acaba não engravidando naquele ciclo. O contrário também acontece: ao transferir embriões repletos de fragmentações, eu penso, "Vai ser difícil...", mas a gravidez acaba acontecendo. "Por quê?", eu me pergunto. É aí que eu vejo que há muita coisa que nós ignoramos ainda. Não temos poder para determinar quem vai ou não vai engravidar. E nessa hora eu me lembro de Deus.

- *Pensamento pessimista*: "Tudo é muito caro! Não posso gastar com isso". Ou "Não tenho condições financeiras para arcar com esse tratamento".

- *Resposta compensatória*: Se você não tem condições financeiras, releia o capítulo sobre fertilização *in vitro* e veja as opções que você tem: hospitais públicos, projetos sociais de clínicas, convênios, consórcios. Mas se você tem condições e prefere construir uma casa mais luxuosa, comprar um carro ou viajar, então reflita melhor sobre o quanto você deseja um filho e por que ele seria importante para você.

- *Pensamento pessimista*: "Tenho que fazer fertilização *in vitro*, mas tenho medo de ter gêmeos".

- *Resposta compensatória*: Se você reler o capítulo sobre FIV, vai ver que, mesmo quando se transfere o número máximo de embriões (quatro), a maioria das gestações é única. A chance de se ter trigêmeos não passa de 10%, e a de se ter quadrigêmeos é de 1%. Mas a decisão de quantos embriões transferir é do casal, respeitando-se esse limite. O médico pode no máximo sugerir o número de embriões, mas, se você preferir transferir apenas um, a decisão é sua.

Como vimos, a infertilidade é uma fonte inesgotável de fantasias sabotadoras, que constantemente levam ao desânimo. A reestruturação cognitiva vai ensinar você a reagir e substituir essas ideias por reflexões mais realistas e benéficas. Se você não puder contar com o apoio de um terapeuta, veja a seguir alguns exemplos de situações que frequentemente assombram a paciente com infertilidade e a resposta adaptativa a elas, por meio de algumas perguntas e respostas.

QUESTIONÁRIO 1*

1) Qual a situação que aflige você?
   Hoje menstruei novamente.

2) Como você se sente a respeito disso?
   Deprimida, irritada, frustrada, ansiosa, vazia.

3) Que pensamentos ruins ou imagens vieram à sua mente naquele instante?
   Sou infértil. Nunca vou engravidar. Estou sendo punida. Não é justo. Não mereço ter filhos. Todo mundo engravida menos eu. Se não sou fértil, não presto como mulher. Minha cunhada engravidou, tenho que conseguir logo.

---

* Baseado em Greenberger e Padesky (1995).

4) Que evidências sustentam o principal pensamento pessimista (Nunca vou engravidar)?

Há dois anos tento engravidar. Fiz tudo certo, tive relação no dia que o ultrassom indicava a ovulação. Fiz repouso, não fui à academia. Todas as minhas irmãs já engravidaram. Minha cunhada parou a pílula há dois meses e já engravidou.

5) Existem evidências que não apoiam o principal pensamento pessimista?

Posso fazer a mim mesma as seguintes perguntas: Se minha amiga estivesse passando por isso o que eu diria para acalmá-la? Quando não estou me sentindo dessa maneira, penso sobre esse assunto de maneira diferente. Eu já pensei desse jeito alguma vez? O que mentalizei para me sentir melhor? Existem detalhes que contradizem meus pensamentos e que eu estou ignorando?

Existem diversos tipos de tratamento para elevar minha fertilidade. Posso tentar uma estimulação ovariana. Se não der certo posso partir para a inseminação, a fertilização, ou ainda a adoção. Não gosto dessa situação, mas ninguém é perfeito; uns têm diabetes, outros hipertensão ou câncer. Todas as pessoas têm em sua vida algum aspecto que não acham justo ou que não mereciam. Já tive essa sensação ruim e daqui a pouco volto a me concentrar no meu trabalho ou vou olhar vitrines e ficarei bem.

6) Com base nas duas últimas perguntas, você pode ter um pensamento compensatório? Como deve pensar agora?

Com base nas respostas 4 e 5, posso encontrar um modo alternativo de pensar ou compreender a situação? Se alguém de que gosto estivesse nessa situação e tivesse esses pensamentos e essas informações disponíveis, qual seria meu conselho para essa pessoa? Se o pensamento fosse verdadeiro, qual seria a pior consequência? E a mais realista? Se não fosse verdadeiro, qual seria a melhor consequência? Alguém em quem confio poderia analisar de outro modo?

Realmente tenho um problema que devo enfrentar. Paciência. Acho que a medicina tem diversos recursos para me ajudar. Se eu estiver nas exceções das exceções, parto para a adoção. Sou forte e vencerei isso. Daqui a pouco ficarei bem.

QUESTIONÁRIO 2

1) Qual a situação que aflige você?

Hoje o médico me disse que meu marido tem baixa produção de espermatozoides e necessito de uma fertilização *in vitro*.

2) Como você se sente a respeito disso?

Deprimida, irritada, frustrada, ansiosa.

3) Quais os pensamentos ruins ou imagens que vieram à sua mente quando o médico lhes deu a notícia?

Não quero engravidar de maneira artificial. Não tenho dinheiro para pagar uma fertilização *in vitro*. O tratamento é doloroso e desgastante, são muitas injeções, posso engordar. Não quero ter gêmeos. Melhor desistir de ter filhos.

4) Que evidências sustentam o seu principal pensamento pessimista (Melhor desistir de ter filhos)?

Sempre sonhei engravidar naturalmente. Minha renda não permite pagar um tratamento particular de fertilização. Ouvi dizer que hormônios engordam. Não sei se a Igreja aprova esse tratamento. Já vi pessoas que tiveram trigêmeos.

5) Existem evidências que não apoiam o principal pensamento pessimista?

Meu médico disse que as pacientes têm muitas informações pela internet que às vezes assustam, mas que não são verdadeiras ou são casos excepcionais. Disse também que a maioria das pacientes, depois que iniciam o tratamento, relatam que ele é bem mais simples e mais fácil do que imaginavam. Falou ainda que os hormônios podem aumentar o peso por reter líquido, durante o tratamento, mas não engordam.

Alguns hospitais públicos oferecem fertilização gratuita ou cobram apenas os medicamentos. Leis foram aprovadas recentemente para que os convênios e consórcios possam oferecer tratamentos como esse. Muitas clínicas oferecem descontos baseados na renda das pessoas por meio de projetos sociais. Existem muitas coisas que não são naturais hoje, que Deus não criou diretamente, mas deu inteligência e capacidade para que o homem desenvolvesse. Como viveríamos sem veículos, computadores, geladeira, TV, medicamentos, vacinas, equipamentos hospitalares? Nada disso é natural. Além disso, como dizer que uma criança nascida após tratamento de fertilização *in vitro* não é uma criação divina? O médico me disse que a maioria das gestações por FIV é única, e que, quanto menos embriões eu colocar, menor a chance de virem gêmeos.

6) Com base nas duas últimas perguntas, você pode ter um pensamento compensatório? Como deve pensar agora?

Queria engravidar naturalmente, mas é impossível. Paciência! Embora a FIV seja um tratamento artificial, que eu não possa pagar, hoje existem muitas opções que permitem que eu faça um tratamento. A maioria das coisas que utilizamos foi criada e desenvolvida pelo homem, por meio da inteligência que Deus nos deu.

QUESTIONÁRIO 3

1) Qual a situação que aflige você?

Fiz um tratamento de fertilização *in vitro* e meu resultado deu negativo.

2) Como você se sente a respeito disso?

Muito frustrada, irritada, deprimida e ansiosa.

3) Quais os pensamentos ruins ou imagens vieram à sua mente naquele instante?

Se não consigo engravidar nem com fertilização *in vitro*, então nunca vou ter filhos. Gastei muito dinheiro, tudo em vão. Fiz tudo certo, fiz repouso. Por que só não dá certo para mim?

4) Que evidências sustentam o seu principal pensamento pessimista (Se não consigo engravidar nem com fertilização *in vitro*, então nunca vou ter filhos)?

A fertilização *in vitro* é o tratamento mais eficiente para quem deseja engravidar, muitas vezes, dependendo do problema, é a única chance, é o fim da linha. Se não der certo com isso, é porque não vai dar certo com nada.

5) Existem evidências que não apoiam o principal pensamento pessimista?

Tenho uma amiga que tinha o diagnóstico de infertilidade sem causa aparente, fez uma fertilização *in vitro* cujo resultado foi negativo e engravidou naturalmente no mês seguinte. Li em uma revista o depoimento de uma mulher que engravidou na nona tentativa. O médico me disse que após a terceira tentativa sem resultado é possível fazer um *hatching* para ajudar a romper uma membrana em torno dos embriões e facilitar a implantação; ou um PGD, que, por meio de uma biópsia, identificaria embriões com problemas. Se nada disso der certo, posso optar pela doação de óvulos. Por fim, posso partir para a adoção.

6) Tendo por base as duas últimas perguntas, como poderia ser a sua resposta compensatória? Como deve pensar agora?

A fertilização *in vitro* pode ser o fim da linha, a última chance, para muitas pessoas, mas não para todas. Existem pessoas que não engravidaram com fertilização *in vitro* e que depois conseguiram naturalmente, e outras que o fizeram após múltiplas tentativas. Há recursos para auxiliar a implantação embrionária. Tenho ainda a opção da doação de óvulos, se meus óvulos não forem bons, ou da adoção.

Você deve ter aspectos positivos na sua vida, sua família, seus amigos, seu trabalho, ou estudos, tudo o que você conquistou nestes anos, mas que estão soterrados pelas armadilhas da infertilidade. Lembre-se de que, se não fosse por ela, você provavelmente se sentiria muito melhor.

Faça os exercícios baseados nessas perguntas, pois eles vão ser um aliado fortíssimo para combater a frustração, a depressão, a ansiedade e a baixa autoestima.

Conheça a seguir outros recursos que você pode utilizar nesta batalha.

CAPÍTULO 14

A RESPOSTA DE RELAXAMENTO

No Capítulo 1, abordamos a resposta de luta e fuga cuja finalidade é nos proteger contra um risco iminente, um assalto, a presença de um animal feroz. Porém, você não deveria ter esse tipo de reação no trabalho, ainda que em determinados momentos seu chefe se assemelhe a um "quadrúpede". O que abordaremos daqui por diante são técnicas que visam substituir a reação de luta e fuga por uma resposta de relaxamento. Isso não traz garantias de melhora dos resultados de gestação. Alguns estudos indicam que sim, outros não. No entanto, com certeza melhoram o seu estado emocional, sobretudo o estresse e a ansiedade.

Durante o fenômeno luta e fuga, nosso hipotálamo, localizado na base do cérebro, orquestra uma série de reações por todo o organismo: o aumento das frequências cardíaca e respiratória, da pressão arterial e da tensão muscular. Ao passo que, na resposta de relaxamento muscular, a intenção é fazer justamente o contrário: relaxar os músculos e acalmar a respiração, o coração e o sistema nervoso.

O objetivo da resposta de relaxamento é tranquilizar a mente e o corpo. Vários métodos podem ser utilizados para isso: respiração controlada, meditação, orações, concentração no agora, yoga, exercícios, relaxamento muscular progressivo, visualização de imagens. A maioria dessas técnicas apresenta melhores resultados se praticada enquanto o cérebro está em estado alfa, ou seja; uma condição em que a frequência de ondas cerebrais está baixa, quando estamos quase adormecendo ou quando acabamos de acordar, em um local silencioso e solitário para não perdermos a concentração. Você deve escolher a técnica a que se adaptar melhor.

Faça uma experiência. Inicialmente parece tudo uma série de bobagens, eu sei. Mas uma vez escolhida a técnica, é importante que você a pratique diariamente. Você vai se surpreender!

RESPIRAÇÃO CONTROLADA

Treine a respiração controlada em estado alfa, todos os dias, de cinco a vinte minutos. Respire profunda e lentamente, durante a inspiração conte pelo menos até quatro e na expiração também, utilizando a respiração abdominal em vez da torácica. Sinta o ar passar pelas narinas ou boca, trazendo calma ao inspirar e expulsando a tensão ao expirar. Se você não acredita nisso, passe a observar atentamente a respiração de alguém que vai fazer um discurso pouco antes de começar a falar. Repare como os atletas respiram antes de correr para o salto triplo ou fazer um salto ornamental, e antes de cobrar um pênalti. Confie no poder da respiração.

RELAXAMENTO MUSCULAR PROGRESSIVO

Feche os olhos e inicie uma respiração profunda. Contraia e relaxe alternadamente os vários grupos musculares do corpo, seguindo da cabeça aos pés ou ao contrário. Você pode iniciar contraindo a fronte e relaxando durante uma contagem até 15. Repita mais uma vez. Sempre sob respiração profunda. Agora faça o mesmo com os olhos e repita uma vez. Reproduza o mesmo exercício com os músculos da face, o pescoço, a coluna, o ombro, o braço, o antebraço e a mão direita. Idem para o lado esquerdo. Direcione a operação para o tórax, o abdome, a pélvis e as nádegas. Como nos braços, contraia e relaxe a coxa, a perna e o pé direito, esticando os dedos, e repita o relaxamento com os membros inferiores esquerdos.

Concentrando-se na contração e no relaxamento dos músculos, você estará se distanciando do ambiente externo, dos fatos que afligem você e da ansiedade. Normalmente, quando você está tensa e preocupada, depois de um tempo essa inquietação passa, seja porque você de algum modo solucionou o problema ou porque algo desviou sua atenção, uma distração, uma conversa com alguém, uma noite de sono. A atenção centralizada no corpo é uma maneira de antecipar a dissipação do fator de apreensão.

EXERCÍCIOS

Os exercícios ajudam o organismo a liberar endorfinas, substâncias "primas" da morfina, que nos inebriam com uma sensação de analgesia e bem-estar. É por isso que algumas pessoas ficam viciadas em exercícios. Daí vem a expressão "euforia do corredor". Além de melhorar a condição física, a condição cardiovascular e prevenir a osteoporose, os exercícios "ensaboam" a mente, melhoram o humor e aumentam a autoestima.

MEDITAÇÃO

A palavra vem do latim, *meditare,* que significa "voltar-se para o centro", no sentido de desligar-se do mundo exterior e direcionar a atenção para dentro de si. Os objetivos da meditação são atingir um estado em que a mente se torna vazia de pensamentos, conseguir focar a atenção toda em um objeto ou imagem e alcançar o relaxamento.

Em estado alfa, feche os olhos e respire profunda e lentamente, contando de dez a zero. Ao final de cada inspiração e expiração, diga palavras que possam fortalecer você, como "força", "calma", "paciência", "fé". Por exemplo, diga "força" na inspiração e "fé" na expiração. Concentre-se somente na respiração e nessas palavras. Não deixe sua mente divagar com outro tipo de pensamento. Você também pode, durante a respiração, unir as pontas dos dedos polegar, indicador e médio, para que, durante uma situação de tensão e ansiedade no decorrer do dia, você repita a mesma ação respirando profundamente. O mesmo resultado é obtido quando você respira e coloca a língua no céu da boca. Você verá que, se estiver suficientemente treinado, vai relaxar e tranquilizar o cérebro, mesmo sob tensão e fora do estado alfa.

ORAÇÃO

A oração é um tipo de meditação que invoca um ser superior, divino. Ela acalma a mente e o corpo, desde que você tenha alguma crença religiosa; se tiver muita fé, melhor ainda. Converse com padres e pastores ou líderes espirituais. Veja quantas pessoas desesperadas procuram por eles diariamente, pelos mais diversos problemas. Veja como o poder da fé e da oração é capaz de restituir nelas o relaxamento necessário para seguirem em frente.

CONCENTRAÇÃO NO AGORA

Fundamentada nos princípios budistas, a concentração no agora consiste em esquecer o passado e o futuro, deixando de lado as preocupações e se concentrando no presente. Imagine que você está extremamente tensa ou ansiosa; você fica distraída e às vezes esquece onde guardou ou deixou objetos, pois sua mente absorta nas preocupações aliena você do presente. A concentração no agora propõe justamente o contrário. Esqueça o que passou ou o que você imagina que acontecerá no futuro, pense só no presente, nos objetos que você tem nas mãos, nas sensações que eles despertam em você neste momento. Pode ser um doce ou uma fruta. Sinta o cheiro, o sabor, a consistência, e mastigue lentamente.

Durante uma caminhada em um parque ou bosque, concentre-se na paisagem, no aroma da vegetação, no barulho do vento, nas árvores, no canto dos pássaros.

Outro ótimo exemplo é o jogo de tênis, em que o tenista tem de se concentrar, não tirar o olho da bolinha e da posição do adversário. Se ele fica pensando na jogada errada que acabou de fazer, ou se está em desvantagem e ficar absorto no placar e obcecado pela ideia de que será derrotado, perde a concentração e piora cada vez mais seu desempenho. Por isso, os tenistas mais experientes focalizam a bolinha o tempo todo, desde o momento em que ela deixa a raquete do adversário até chegar à deles. Analisam a que distância a golpearão e em que local elas vão tocar a raquete, para determinar o efeito que pretendem imprimir; e continuam seguindo com os olhos a direção da bola. Pode-se dizer que o tênis é um esporte de muita concentração. E para fugir das preocupações você deve agir como um tenista.

CRIAÇÃO DE IMAGENS

Esta técnica foi criada para ajudar pacientes com câncer, sob tratamento quimioterápico.

Você pode imaginar que está em um cenário tranquilizador. Quanto mais vívida a imagem e mais rica em detalhes que envolvam todos os sentidos, melhor. Suponha que você esteja caminhando em uma praia. Observe as ondas do mar, as nuvens do céu azul claro, o sol brilhando, o calor em sua pele, a sensação de areia nos pés, o cheiro do mar.

O mesmo é válido no caso de um bosque, em que você aprecia a beleza das árvores e dos pássaros, ouve o canto das aves e o assovio do vento, sente o aroma das flores e plantas.

Você escolhe as imagens que mais a relaxam. Nenhum de nós consegue viver sem imaginação. A mente é um palco, onde se cria o que se quiser: fantasias que nos motivam, outras que nos relaxam e algumas que nos apavoram. Pense agora que você está em uma creche, rodeada de crianças meigas e bonitas. Agora pense em algo terrível que você tenha presenciado ou jamais gostaria de vivenciar, ou naquela pessoa que você jamais queria que batesse à sua porta neste momento. Use esse poder a seu favor, não contra. Tenha uma imaginação muito fértil; quem sabe você não terá também um corpo fértil!?

YOGA

O yoga faz parte das tradicionais disciplinas físicas e mentais originárias da Índia. É uma técnica que altera a química cerebral, intensificando a sensibilidade e a luz interior. A palavra "yoga" está associada a práticas meditativas tanto do budismo quanto do hinduísmo. No hinduísmo, o conceito se refere a uma das seis escolas ortodoxas da filosofia hindu e à meta das práticas dessa escola.

Fora da Índia, o termo costuma ser associado ao Hatha Yoga e suas *asanas* (posturas), ou a uma forma de exercício. O yoga envolve um conjunto de exercícios leves e rigorosos, postura, respiração controlada, meditação ao som de um canto e relaxamento. O resultado é uma resposta de tranquilização profunda da mente e do corpo. Durante a prática do yoga, faz-se uma sequência de exercícios e posturas (esforço) que simulam situações de estresse, intercalada por repouso e um relaxamento de um a três minutos. O objetivo é treinar a mente e o corpo para que, após uma situação de estresse, eles relaxem e poupem energia. É como se você dissesse ao estímulo estressante: é só isso que você pode me causar?

Além disso, como sincroniza vários sentidos, o yoga habitua o corpo e a mente a agir de maneira harmoniosa, mesmo quando o praticante está executando várias tarefas estressantes ao mesmo tempo.

Há dezenas de linhas diferentes de yoga no mundo todo, que não propõem necessariamente caminhos contraditórios, mas sim caminhos diferentes para se alcançar os mesmos objetivos.

A literatura médica é muito escassa quanto aos efeitos do yoga sobre as taxas de gravidez.

ACUPUNTURA

A acupuntura é talvez a técnica mais aceita entre os médicos como coadjuvante no tratamento da infertilidade. Ela consiste na aplicação de agulhas, em pontos definidos do corpo, chamados de "pontos de acupuntura" ou "acupontos", para a obtenção de efeitos terapêuticos em diversas condições.

Segundo a Medicina Tradicional Chinesa, a doença surge quando há bloqueio nos canais de circulação de energia no corpo. Meridiano é um dos nomes pelos quais são conhecidos esses "canais de energia", utilizados na acupuntura e em outros métodos terapêuticos da Medicina Tradicional Chinesa. A aplicação de agulhas nos acupontos serviria para desbloquear esses canais de energia e restaurar o equilíbrio do corpo.

Hoje em dia já se sabe que a acupuntura age sobre os nervos periféricos, estimulando a liberação de substâncias produzidas pelo próprio organismo, as endorfinas, que são analgésicos endógenos. Para se ter ideia, em situação de combate você pode ser esfaqueado e continuar lutando sem sentir dor graças à liberação de endorfina, que nada mais é que a morfina do corpo.

Outro efeito da acupuntura é estimular a produção de serotonina, a substância do bem-estar, da autoestima, tão carente em algumas pessoas depressivas.

A maioria dos estudos científicos com acupuntura relacionados à infertilidade demonstrou que ela traz benefícios, tais como o aumento da produção de espermatozoides em homens com sêmen deficiente, melhor resposta ovariana em mulheres com disfunção ou ausência da ovulação e taxas de gestação mais elevadas em mulheres submetidas à fertilização *in vitro*.

O problema é que esses estudos foram realizados em um número reduzido de pacientes. E de acordo com as regras da estatística, para que um determinado fator testado em um experimento seja considerado benéfico, são necessárias algumas condições: que ele seja comparado com outro fator (que pode ser outra técnica, medicamento, placebo ou comprimido de farinha); que haja uma escolha aleatória de quem vai usar o que, para que não sejam selecionados sujeitos com melhores possibilidades de resultado para o fator que está sendo testado; que o resultado se repita muitas vezes, para excluir a possibilidade de o resultado ser obra do acaso.

Ou seja, se você é bom, vai ter que mostrar isso várias vezes. Eu posso ser péssimo jogador de basquete. Se alguém pedir para eu arremessar a bola e eu acertar duas vezes o cesto e errar uma, essa pessoa pode achar que eu não sou péssimo. Mas, se eu jogar mais vinte vezes e só acertar mais duas, ela vai mudar seu conceito.

Isso é o que ocorre com as pesquisas sobre a acupuntura feitas até hoje: a maior parte apresenta bons resultados, mas com poucos casos. Parece bom, mas ainda não dá para acreditar. Em dois estudos que relacionam acupuntura e FIV, com poder estatístico forte (a metanálise, que compila os dados de vários pequenos estudos), um não demonstrou resultado benéfico, o outro demonstrou que, quando a acupuntura é feita antes da transferência, as taxas de gestação são maiores; porém, se realizadas antes da aspiração dos óvulos, não é vantajosa.

CAPÍTULO 15

VENCENDO A INIMIGA

Agora você já conhece todas as armas e sabe como usá-las; só precisa escolhê-las. Está ciente também das artimanhas que a inimiga vai usar para tentar derrotar você. Portanto, proteja-se.

COMPREENDENDO O MEDO E A ANSIEDADE

De acordo com a Medicina Tradicional Chinesa, tudo na vida tem opostos. A tristeza e a alegria, o bem e o mal, o amor e o ódio, a saúde e a doença, os altos e baixos, o frio e o quente. Temos que viver em harmonia e equilibrados, como se estivéssemos em uma gangorra, que sobe e desce. (Embora haja pessoas que acham que, na vida delas, a gangorra está sempre embaixo...)

Se você está muito feliz hoje, pode ser que aconteça algo que vá acabar com seu bom humor ou deixá-la apreensiva. É impossível estar sempre bem. Mas saiba que, se você está triste, em breve algo de bom vai acontecer e a sua vida vai melhorar. O segredo está em saber subir, quando se está embaixo.

A ansiedade causa medo, negação ou procrastinação do problema. É bom ter medo de andar em uma rua escura, de um assalto, ou de um cachorro bravo. Mas por que ter medo de não engravidar? Porque a nossa imaginação cria fantasias em torno disso.

Ansiedade e medo caminham juntos, pois se alimentam de uma expectativa negativa, em que só desgraças e mazelas terão vez, em um futuro sombrio e desastroso, onde não há outra saída senão a fuga.

O oposto da ansiedade e do medo não é a coragem, mas sim a fé. A fé nada mais é que a expectativa positiva. A fé é o resultado de imaginarmos coisas boas, sucesso, bem-estar. O medo e a ansiedade são consequências de imaginarmos fatos ruins, dolorosos. Coragem é diferente, é enfrentar o medo real; por exemplo, lutar contra um assaltante. Medo e fé são imaginação pura, e nossa mente vive fantasiando coisas. Habitue-se a substituir suas expectativas negativas por outras, positivas.

O exercício da criação de imagens é uma boa maneira de você passar do polo negativo para o positivo. Pergunte a si mesma o que de pior poderia acontecer se o medo fosse verdadeiro. Como você e seu médico solucionariam o problema? O medo é real? É preciso fugir ou lutar contra ele? Será que o medo de "jamais engravidar" é real? O seu médico concorda de fato com isso? Você já perguntou isso a ele? Se não estivesse com esse medo agora, o que você estaria fazendo? Lendo um livro? Assistindo a um filme? Realizando um trabalho? Fazendo ginástica?

A terapia cognitiva, como vimos anteriormente, é um ótimo mecanismo para superar a dupla medo/

ansiedade. Identifique os pensamentos que despertam medo em você. Assinale as evidências a favor e contra. Mude seu pensamento.

A respiração controlada e o relaxamento muscular progressivo também podem auxiliar.

COMPREENDENDO A RAIVA E A CULPA

O oposto da raiva é o prazer. Quando criamos uma expectativa muito grande de prazer e ela não se concretiza, vêm a frustração e a raiva.

Lembre-se das várias situações em que você criou e nutriu uma expectativa de grande prazer e, quando algo deu errado, logo entram em cena a frustração e o destempero.

A primeira pergunta que vem é por que não deu certo? Quem é o culpado? Quem é o Roberto Carlos que estava arrumando as meias, enquanto o centro-avante francês subia sozinho para cabecear e despachar o Brasil da copa? Precisamos sempre achar um culpado quando algo muito ruim acontece. Sentir culpa ou imputar culpa é uma defesa para corrigir o que falhou, para que não se repita mais.

Quando se deseja engravidar, o casal já sonha com a criança, como ela vai ser, como se chamará, como será o quarto. Cria-se uma expectativa de muito prazer. Vem a menstruação e o mundo verdadeiramente desaba. O ciclo repetitivo de prazer-frustração piora, pois não se acha o culpado. Você pode acusar o médico ou a clínica, mas tantas outras pessoas engravidaram com a ajuda deles! Pode condenar a si mesma, mas você fez tudo certo – "Eu sempre fiz tudo conforme fui orientada e minha cunhada, no primeiro mês em que tentou, engravidou!" Cadê o Parreira que convocou o Ronaldo gordo, o Cafu e Roberto Carlos já velhos? Depois de fazer tudo conforme foi instruída e não obter resultado, você se sente sem controle. Em tudo o que você faz, ainda mais se for perfeccionista, você tem o domínio completo. Agora você se sente sem chão, passageiro de um carro desgovernado, sem saber aonde vai parar.

Saiba que a saída é não se deixar inebriar pela expectativa do prazer da gestação, nem se deixar nocautear pela menstruação. A gangorra tem que subir e descer lentamente. Não pode ser uma montanha-russa. Pior ainda é ficar parada embaixo.

Busque o equilíbrio. Faça os exercícios da terapia cognitiva. Não se esqueça das suas amigas da sala das cem mulheres. O que diria a elas? Se não foi dessa vez, pode ser na próxima. Ou na terceira tentativa.

Pergunte ao seu médico se há outra alternativa terapêutica melhor. Se quiser, escreva as suas reflexões em um diário ou folha de papel para descartar depois. Exteriorize seu sentimento de raiva. Por quê? De quem é a culpa? Extravasar a raiva ajuda a aliviá-la mais rápido e a clarear seus sentimentos, tornando você uma pessoa mais firme e decidida.

Você pode voltar ao capítulo sobre relaxamento e aprender a usar a técnica dos três dedos ou da ponta da língua no céu da boca para, depois de algum treinamento, evitar explosões de raiva.

A pessoa que sente raiva muito facilmente também pode estar sofrendo de baixa autoestima.

COMPREENDENDO A DEPRESSÃO E A BAIXA AUTOESTIMA

A depressão é resultado de um processo de desvalorização pessoal. De achar que as coisas boas só não acontecem com você, que é vítima de um castigo divino ou de uma conspiração maléfica, que nunca vai deixar que fique grávida. No capítulo sobre Terapia Cognitiva, você conheceu vários instrumentos para ter uma visão mais clara e realista dessa situação. Não é simplesmente a balela de dizer "Vou ter pensamento positivo!" Não! Definitivamente, é saber que, diante de tantos métodos diagnósticos e do potencial das opções terapêuticas aqui descritas, dificilmente uma pessoa precisa desistir do sonho de ter filhos. Hoje a medicina pode fazer muito, e certamente fará muito mais daqui a alguns anos. Isso não é pensamento positivo. É fato, é palpável! Pense em trinta anos atrás e constate o que significou uma FIV e uma ICSI. Quando vejo dez pessoas que tentam engravidar há cinco ou dez anos, ou seja, que tentaram encestar a bola 60 ou 120 vezes, e vejo que de repente, em um único arremesso, cinco ou até sete delas acertaram, é divino, é maravilhoso. E estou convicto de que as que fracassaram na primeira, poderão ser as vitoriosas na segunda ou na terceira tentativa. Os métodos, principalmente a fertilização, são muito efetivos e vão se tornar cada vez mais simples. Se eu não acreditasse muito nisso, já teria mudado de ramo. Faço porque acredito.

A depressão deixa você triste, introspectiva, letárgica, com autoestima em queda livre. O seu oposto é a expressão. É a alegria, o desejo de participar do ambiente que a rodeia, de se comunicar, de se sentir bonita e parecer bonita e forte. O extremo disso é a euforia.

Você é para os outros aquilo que acredita ser. A realidade das relações interpessoais é fruto dessas projeções. Não deixe que um problema que tem solução, mas no momento você não consegue enxergar, acabe com sua vida. Você é muito mais do que um útero, uma ovulação ou uma menstruação.

Faça atividade física, dance, pratique algum esporte. Mexa-se. Fique bonita. Se tiver vontade de comprar coisas, compre as pequenas e baratas, mas que você ache bonitas e não vão provocar culpa em você. Ou, simplesmente, olhe vitrines e se imagine vestindo um traje elegante ou usando uma linda joia.

A autoestima é sua opinião sobre você mesma. Você considera alguma amiga sua um lixo por não ter filhos? Você alguma vez já se sentiu ou está se sentindo um ser desprezível por não ter filhos? Por que a diferença de julgamento? Por que ser tão rude e implacável consigo mesma? A resposta é simples. Porque na vida, desde pequenos, fomos condicionados a nos comparar com os outros, a sermos vencedores a qualquer preço, a sermos perfeitos. Quando surge uma ligeira deficiência que diminui o nosso potencial naquele aspecto em relação a outros, nossa autoestima despenca.

Fomos condicionados, mas temos que mudar isso. Quanto aos principais aspectos da nossa espécie, somos todos iguais: nascemos todos de um útero (não de um ovo), temos as mesmas necessidades fisiológicas, temos o mesmo tipo de locomoção (pelo menos no sentido estrito da palavra, somos todos bípedes, e não quadrúpedes) e todos temos a certeza de que um dia morreremos, de uma maneira ou de outra, mais cedo ou mais tarde.

Obviamente, somos todos iguais, mas não somos clones um dos outros. E este seria um mundo muito monótono se fôssemos. Temos nossas diferenças, nossas potencialidades, aquilo que desempenhamos com facilidade, com paixão, que gostamos de aprimorar sempre. Se você não conhece os seus pontos fortes, procure e vai achar. E você deve desenvolvê-los cada vez mais, em vez de tentar se esforçar ao máximo para aprimorar aquilo para o que não tem a menor aptidão. Imagine Maradona ou Romário, no auge de suas carreiras, deixando de jogar futebol, para se tornarem pastores. Certamente seria mais fácil mover uma montanha. Aprimore o que você ama e faz com facilidade e sua autoestima vai se elevar. Sua competição é com você mesma, é ver aquilo que você faz cada vez melhor, mais rápido, mais gostoso. Focalize aquilo que você faz bem, esqueça o que você só faz com dificuldade, deixe isso para quem faz melhor do que você.

Ninguém é perfeito, a infertilidade nada mais é do que uma deficiência em um aspecto da sua vida. E relembre: a vida não é justa com ninguém, todos sem exceção somos deficientes em muitas coisas. Não deixe que a subfertilidade invada e atravanque a sua vida. Você tem muitas potencialidades! Se não as conhece ou ainda não as desenvolveu, está na hora de começar a fazer isso.

COMO LIDAR COM AS PERGUNTINHAS E COMENTÁRIOS INCONVENIENTES

"Quando vem o herdeiro?", "Está fazendo tratamento?", "Ah, eu conheço alguém que estava há anos tentando, tomou um chá de qualquer coisa e ficou grávida!"

Como lidar com essa situação? Isso é muito relativo. Lembre-se de que, na maioria das vezes, as pessoas não fazem por mal. Existem mulheres que não se incomodam com esse tipo de pergunta ou comentário. Para elas, é mais importante manter a autoestima. Mas se atinge você, é preciso considerar o quanto essa pessoa é importante na sua vida. Se for alguém insignificante, fuja ou livre-se dela! Se for alguém mais próximo ou que não tem como você evitar – às vezes é a sogra ou a cunhada –, então uma boa maneira seria emprestar à pessoa este livro e pedir que leia pelo menos o primeiro capítulo. Se ela não for mal-intencionada, vai parar. Se ela for, aí é complicado. Só resta o contra-ataque na veia jugular.

NO DIA DO TESTE

Muitas vezes, a pessoa espera até o dia do teste de gravidez e, quando vai colher o exame, a menstruação desce ou o teste é negativo.

Faça os exercícios da Terapia Cognitiva; eles são imprescindíveis. Associe a eles uma das formas de relaxamento meditação, oração, exercícios, yoga, acupuntura.

Planeje para esse dia algo pelo qual você realmente seja apaixonada: pintar, esculpir, dançar, jogar vôlei, ouvir música, ir ao cinema, olhar vitrines; enfim, qualquer coisa que dê imensa satisfação a você.

Você deve ler e reler este livro; com o tempo tudo passará a ser automático. Você estará mudando seus pensamentos, fazendo minirrelaxamentos quase sem querer, encarando esse problema com muito mais segurança e sem sofrimento.

GRUPOS

Participar de atividades em grupo com outras pacientes é de fundamental importância. Nos grupos, apresentamos palestras de especialistas: médicos, instrutores de yoga, professores de educação física, nutricionistas, psicólogos, embriologistas, enfermeiras e outros. Também convidamos, para dar seus testemunhos, pacientes que engravidaram ou que decidiram adotar uma criança, e que hoje são felizes.

Mas o mais importante nos grupos é fazer amizades. Sempre reservamos um tempo, antes da primeira palestra, para que as pessoas se conheçam, conversem e contem um pouco de suas histórias umas às outras. Essa oportunidade de troca de experiências se repete nos intervalos entre as palestras. É a oportunidade de poder ouvir o "Não se preocupe, já passei por isso". Ou escutar a queixa da amiga e exercitar o que você diria a ela para confortá-la ou fazê-la sentir que a situação não é tão grave assim. Não existe combustível mais potente que a união entre pacientes que padecem do mesmo mal. Nos grupos, a interferência médica é mínima ou quase nula. A paciente, até então dependente de ajuda, desenvolve sua autoconfiança, sua iniciativa. O problema não a domina mais, ela assume as rédeas. É o retorno da segurança.

Nos nossos grupos, pessoas que não têm renda e precisam fazer fertilização *in vitro* podem se inscrever no nosso projeto social.*

Agradeço a Deus por ter tido a oportunidade de ter escrito este livro e obrigado a você que o leu. Penso nos meus quase vinte anos de trabalho com reprodução assistida, na felicidade das pessoas que minha equipe pôde ajudar e também naquelas em que não tivemos sucesso, o que lamento. Espero que a experiência aqui apresentada possa ajudar pessoas, que jamais vi e que sofrem com a infertilidade, a superar seus conflitos e seguir em frente com suas vidas, com seus bebês nos braços, se Deus quiser!

---

* Se você deseja saber como se desenvolvem nossas atividades em grupo ou tirar dúvidas sobre como montar um grupo na sua cidade, escreva para o endereço eletrônico vencendoainfertilidade.com.br, que eu responderei.

GLOSSÁRIO

Abortamento espontâneo – expulsão natural de um feto não viável e da placenta.

Adenomiose – tecido endometrial benigno, que invade a camada muscular da parede do útero e pode cursar com dor pélvica e hemorragias.

Aderência – união de duas superfícies abdominais ou pélvicas, como consequência de inflamação, endometriose ou cirurgias.

Agonistas do GnRH – análogo ao GnRH, hormônio semelhante a um dos que a mulher produz, que primeiro estimula a glândula pituitária a liberar as gonadotropinas LH e o FSH, e depois provoca um efeito supressivo tardio. São usados para bloquear os hormônios femininos durante a FIV ou como parte do tratamento da endometriose.

Amenorreia – ausência de períodos menstruais por dois ou mais ciclos.

Amniocentese – procedimento em que uma pequena quantidade de líquido amniótico é retirada da bolsa amniótica por meio de uma agulha. Se retirado por volta da décima sexta semana, o líquido é estudado para se verificar se há anomalias cromossômicas ou outras que possam afetar o desenvolvimento fetal. Se retirado no final da gestação, o seu estudo tem por finalidade a análise da maturidade do concepto.

Amostra vilocoriônica – procedimento em que uma pequena amostra da placenta é colhida em uma fase precoce da gravidez, para o estudo dos cromossomos.

Análise seminal – análise microscópica do sêmen masculino ejaculado, para se determinar o volume, o número de espermatozoides, as suas formas (morfologia) e a sua capacidade de se mover (mobilidade), além de outros parâmetros.

Análogos de GnRH – hormônios sintéticos similares ao natural, usados para impedir a ovulação prematura. Há dois tipos de análogos de GnRH: agonistas de GnRH e antagonistas de GnRH.

Andrógenos – hormônios produzidos pelos testículos, ovários e glândulas adrenais responsáveis pelas características masculinas. Homens e mulheres produzem esse hormônio, mas os homens produzem em maior quantidade.

Anovulação – condição em que uma mulher raramente ou nunca ovula.

Antagonistas de GnRH – hormônios sintéticos similares ao natural, que diminuem diretamente a secreção de FSH e LH da glândula pituitária. Utilizadas para impedir a ovulação prematura, essas medicações têm efeito supressivo imediato na glândula pituitária.

Aspiração de espermatozoide do microepidídimo (MESA) – procedimento microcirúrgico, sem necessidade de hospitalização, usado para coletar o esperma dos homens com bloqueio dos ductos reprodutivos. Isso ocorre nos casos de vasectomia ou ausência congênita dos vasos deferentes, em que os testículos produzem espermatozoides, mas estes não são excretados. Após a coleta, realiza-se a ICSI.

Aspiração epidídima percutânea do esperma (PESA) – aspiração do espermatozoide do epidídimo por punção. A finalidade é captar espermatozoides para o uso em um procedimento de ICSI.

Aspiração folicular ou aspiração transvaginal guiada por ultrassom – sucção dos óvulos realizada por meio de uma agulha longa e fina, guiada por ultrassom e passada pela vagina até os ovários.

Atresia (ovariana) – processo natural de envelhecimento e degeneração dos óvulos.

Azoospermia – ausência de espermatozoides no sêmen.

Barriga de aluguel – mulher que gera um embrião até o nascimento, para depois entregá-lo aos pais biológicos. Beneficia mulheres sem útero ou cuja gravidez representaria um risco de vida.

Biópsia – remoção de uma amostra de tecido para exame microscópico. O termo também se refere ao tecido removido.

Blastocisto – embrião no quinto dia de desenvolvimento, após a fecundação do óvulo, que forma uma cavidade com fluido no seu interior, e cujas células começam a se transformar na placenta e no embrião.

Bromocriptina – droga usada para suprimir a produção de prolactina da glândula pituitária. A prolactina é um hormônio que, em excesso, causa a produção de leite, ausência de menstruação e infertilidade.

Cabergolina – droga que age como a bromocriptina, mas é mais eficiente, com menos efeitos colaterais, e pode ser tomada com intervalos de administração maiores, uma ou duas vezes por semana.

Canal cervical ou cérvice – Pequeno canal que interliga a vagina à cavidade uterina. Porta de entrada do útero.

Citrato de clomifeno – droga usada para induzir ou estimular a ovulação, tomada por via oral. É uma droga que compete com o hormônio estrogênio e assim causa efeitos colaterais indesejáveis, como diminuir o muco da cérvice e a espessura do endométrio.

Clivagem – divisão celular dos óvulos fertilizados e dos embriões. É o processo pelo qual os embriões se desenvolvem.

Conduta expectante – período de observação, sem tratamento ativo.

Contagem dos folículos antrais – contagem do número de folículos observados no ultrassom, no início do ciclo menstrual, geralmente no 2º ou 3º dia. É um dos parâmetros utilizados para se determinar a reserva ovariana, ou a possibilidade da mulher de mais idade responder à estimulação ovariana.

Corpo lúteo – estrutura que se forma após a ruptura do folículo ovariano e a liberação do óvulo. O corpo lúteo secreta estrogênio e progesterona, hormônios fundamentais para a implantação embrionária.

Cortisol – hormônio produzido pelas glândulas adrenais, localizadas acima dos rins. O cortisol é responsável por manter o suplemento de energia do corpo, a taxa de açúcar e o controle do corpo sobre o estresse.

Criopreservação – congelamento de embriões, óvulos ou sêmen em uma temperatura muito baixa, como no nitrogênio líquido (- 196°C), para preservá-los.

Criopreservado congelado – esperma ou embriões congelados e armazenados para o uso futuro.

Cromossomos – estruturas situadas no núcleo de uma célula, que contêm o material (genético) hereditário. Cada cromossomo é um conjunto de genes. Os seres humanos têm 23 pares de cromossomos (46 totais). Dois dos 46 são os cromossomos de sexo, que são os cromossomos X e Y. Normalmente, as fêmeas têm dois cromossomos X e os machos têm um cromossomo X e um cromossomo Y.

Cultura do embrião – crescimento do embrião em placa de laboratório (cultura).

Danazol – hormônio masculino sintético que bloqueia a ovulação e suprime os níveis de estrogênio; usado para tratar a endometriose.

Defeito da fase lútea – fase lútea mais curta do que a normal ou com menos secreção de progesterona.

Dehidropiandrosterona (DHEA) – hormônio produzido naturalmente pelas glândulas adrenais, que o corpo transforma em outros hormônios, como estrogênio e testosterona.

Diagnóstico genético pré-implantacional (PGD) – teste executado por um embriologista em que uma ou duas células são removidas de um embrião e depois examinadas para pesquisa de anomalias genéticas ou cromossômicas.

Dilatação e curetagem (D e C) – procedimento cirúrgico em que o canal cervical é dilatado e o endométrio, removido por raspagem. O tecido é analisado em microscópio para detectar anormalidades.

Dismenorreia – cólicas menstruais.

Dismenorreia primária – dor associada a períodos menstruais. Ocorre por liberação de substâncias inflamatórias, produzidas durante a ovulação, e diminui com a idade.

Dismenorreia secundária – dor associada a períodos menstruais, que começa mais tarde em mulheres na fase reprodutiva e pode ser provocada por condição anormal tal como endometriose, mioma ou infecção.

Dispareunia – dor durante as relações sexuais. Às vezes pode ser um sintoma de endometriose.

Diurético – agente que aumenta a perda de água do organismo.

Doação de óvulos – processo de ceder óvulos para alguém que não ovule mais e ou cujos oócitos sejam de má qualidade (receptora). Depois da fertilização com os espermatozoides do marido da receptora, os embriões são transferidos para o útero da receptora. A criança não terá as características genéticas da mãe gestante, mas da doadora.

Doação de sêmen – esperma doado por um homem fértil anônimo, que não seja o cônjuge da receptora.

Doenças sexualmente transmissíveis (DST) – infecções, transmitidas por meio da atividade sexual, como clamídia e gonorreia. Nas mulheres, algumas DSTs podem causar infecções pélvicas e levar à infertilidade, por prejudicar ou obstruir as tubas uterinas, ou aumentar o risco de gravidez ectópica. Nos homens, podem bloquear o sistema de ductos que transporta os espermatozoides.

Eletroejaculação (EEJ) – procedimento para causar a ejaculação do esperma, executada pela estimulação elétrica do tecido na região da próstata.

Embrião – estágio mais adiantado do desenvolvimento humano, que surge após a união do esperma e do óvulo (fecundação).

Endométrio – membrana que reveste a cavidade do útero e é descamada a cada mês com o período menstrual. O endométrio se desenvolve e fornece local de nutrição para a implantação de um embrião.

Endometrioma – cisto sanguíneo cor de chocolate, presente em alguns casos de endometriose severa.

Endometriose – reação inflamatória causada pela implantação do endométrio (o tecido que reveste internamente o útero) fora desse órgão, em posições anormais, tais como nos ovários, nas trompas de Falópio, na bexiga, no intestino e na cavidade pélvica e abdominal. A endometriose pode se desenvolver devido à estimulação hormonal e causar aderências ou dor pélvica e durante a relação. Pode igualmente ser associada à infertilidade.

Esperma – Líquido esbranquiçado secretado por glândulas masculinas, que contém os espermatozoides.

Espermatozoide – célula reprodutiva masculina que fertiliza o óvulo. O espermatozoide carrega o material genético (cromossomos); a porção intermediária produz a energia necessária para o movimento e a cauda longa e fina o impulsiona.

Esteroides – hormônios derivados do colesterol. Incluem esteroides sexuais (estrogênios, androgênios e progesteronas), glicocorticoides (hormônios similares ao cortisol) e mineralocorticoides (hormônios associados ao controle de eletrólitos).

Estrógeno ou estradiol – hormônio produzido principalmente pelos ovários, responsável principalmente por estimular o endométrio a engrossar e preparar-se para a gravidez, durante a primeira metade do ciclo menstrual. Responsável pelo desenvolvimento de características femininas. É igualmente importante para que se tenha ossos saudáveis e saúde perfeita. Uma pequena quantidade desse hormônio é produzida também nos testículos.

Extração testicular do espermatozoide (TESE) – remoção cirúrgica de tecido testicular na tentativa de coletar esperma vivo para o uso em um procedimento de ICSI.

Falência ovariana prematura – interrupção dos ciclos menstruais pela falha dos ovários antes dos 40 anos. Menopausa precoce.

Fase folicular – primeira metade do ciclo menstrual. Começa no dia do sangramento e vai até a ovulação.

Fator masculino – infertilidade causada por um problema do homem. Deficiência de espermatozoides.

Fecundação – fusão do espermatozoide e do ovo.

Fertilização *in vitro* (FIV) – método da reprodução assistida no qual se colocam os espermatozoides em contato com um óvulo, em uma placa de laboratório. Se o óvulo fertiliza e a divisão celular se inicia, o embrião resultante é transferido para o útero da mulher, onde se implantará no endométrio. A FIV é geralmente o tratamento indicado para as mulheres que têm as tubas uterinas gravemente defeituosas ou ausentes.

Fertilização *in vitro* e transferência de embriões (FIV ou FIVET) – método da reprodução assistida que envolve a combinação de óvulos com espermatozoides em uma placa de cultura no laboratório. Se o óvulo for fertilizado e iniciar a divisão celular, o embrião resultante é transferido para o útero da mulher, onde poderá se implantar e se desenvolver. A FIV é realizada com o auxílio de medicamentos que estimulam os ovários a produzir múltiplos óvulos, com o intuito de aumentar as possibilidades da fecundação e da implantação bem-sucedidas.

Fibroma ou mioma – tumor uterino benigno (não canceroso), que pode causar sangramento e dores pélvicas.

Fímbrias – projeções nas extremidades das tubas uterinas, por onde os óvulos penetram.

Folículo – cisto pequeno e esférico situado sob a superfície do ovário. Ele contém o óvulo, a camada circunvizinha de células e o líquido. O folículo amplia durante a primeira metade do ciclo menstrual. Na ovulação, o folículo maduro libera o óvulo.

Genético – relativo às características herdadas, geralmente pelos genes localizados nos cromossomos.

Glândulas adrenais – glândulas localizadas na parte superior dos rins, que produzem hormônios e ajudam o corpo a reagir ao estresse e regular o metabolismo. Quando essas glândulas estão alteradas, a menstruação pode ser interrompida.

Glândula pituitária ou hipófise – glândula pequena situada na base do cérebro, que controla os ovários, a tireoide e as glândulas suprarrenais. A função ovariana é regulada pela secreção do hormônio folículo estimulante (FSH) e do hormônio luteinizante (LH). Qualquer problema com esta glândula pode provocar ovulação irregular ou ausente na mulher e produção anormal de esperma no homem.

Gonadotropina coriônica humana (hCG) – hormônio produzido pela placenta e que aumenta na gravidez. Sua detecção é a base da maioria dos testes de gravidez. Pode ser usado para provocar ovulação, em conjunto com a terapia do clomifeno ou da gonadotropina, como substituto do LH.

Gonadotropina menopausal humana (hMG) – injeção para tratamento da anovulação ou para estimulação da ovulação durante inseminação ou FIV. Contém a mistura do hormônio folículo-estimulante (FSH) e do hormônio luteinizante (LH). Derivado da urina de mulheres menopausadas.

Gravidez clínica – gravidez confirmada por um nível crescente de hCG e a presença de um saco gestacional detectado pelo ultrassom.

Gravidez ectópica – gravidez na tuba uterina ou em outra parte fora do útero.

Gravidez química – quando o teste de gravidez da paciente é inicialmente positivo, mas torna-se negativo antes que um saco gestacional esteja visível no ultrassom.

Hatching **Assistido** – procedimento em que zona pelúcida do embrião, uma membrana que o reveste, é aberta parcialmente, em geral por meio da aplicação de um ácido ou de um *laser*, para facilitar a implantação do embrião e a gravidez.

Hepatite B e C – doenças causadas por vírus, que podem ser transmitidas sexualmente, pelo contato com o sangue e outros líquidos corporais, e causa infecção do fígado e compromete o funcionamento desse órgão.

Hidrossalpinge – tuba uterina obstruída, dilatada e com líquido no interior.

Hiperandrogenismo – condição em que a mulher tem altos níveis de androgênios no organismo (hormônios masculinos).

Hiperestimulação ovariana controlada (COH) – administração de medicamentos para que mais de um óvulo maduro seja produzido e liberado durante a ovulação. Chamado também de superovulação.

Hiperprolactinemia – altos níveis de prolactina na circulação sanguínea.

Hipotálamo – área do cérebro do tamanho de um polegar, que controla várias funções do organismo. Comanda a hipófise e produz o hormônio liberador de gonadotrofinas (GnRH).

Hirsutismo – crescimento de pelos na face, no tórax, nos braços e nas pernas da mulher, com padrão semelhante ao do homem. Pode estar associado à descendência ou a altos níveis de androgênios.

Histeroscopia – exame do interior do útero por meio da inserção de um histeroscópio (instrumento óptico longo, fino e iluminado) pela cérvice. Usado para diagnosticar e tratar alterações anatômicas uterinas.

Histerossalpingografia (HSG) – procedimento de raios X em que um contraste é injetado pela cérvice na cavidade uterina. Demonstra anormalidades da cavidade uterina e/ou obstruções das tubas.

Hormônio – substância secretada pelos órgãos, tais como a glândula hipófise, a glândula suprarrenal ou os ovários. É transportado pelo sangue a outros órgãos ou tecidos, onde exerce ação específica. Por exemplo, o ovário produz o hormônio estrogênio, que age no útero estimulando o crescimento do endométrio e favorecendo a implantação do embrião.

Hormônio folículo estimulante (FSH) – nas mulheres, o FSH é um hormônio pituitário, responsável por estimular o crescimento de células foliculares no ovário, o desenvolvimento do óvulo e a produção do hormônio estrogênico. No homem, o FSH é o hormônio pituitário que, levado pela corrente sanguínea até os testículos, estimula a produção dos espermatozoides. O FSH pode ser prescrito para induzir ou estimular a ovulação. Níveis elevados de FSH estão associados à insuficiência das gônadas tanto em homens quanto em mulheres.

Hormônio luteinizante (LH) – hormônio pituitário que desencadeia a ruptura folicular e a ovulação. Estimula o corpo lúteo do ovário a secretar a progesterona após a ovulação. Estimula também a liberação dos andrógenos durante a segunda metade do ciclo menstrual.

Implantes – conjunto de células que crescem fora de sua posição normal.

Indução da ovulação – administração de medicamentos hormonais que estimulam os ovários a produzir, de preferência, um único folículo. É indicada para quem não ovula.

Infertilidade – incapacidade de conceber, após doze meses de relações sexuais frequentes, sem uso de métodos anticoncepcionais.

Inibina – substância produzida por células da granulosa nos ovários nas mulheres e nos testículos nos homens. Sinaliza a glândula pituitária para retardar a liberação do hormônio de estimulação do folículo (FSH).

Injeção intracitoplasmática de espermatozoide (ICSI) – procedimento de micromanipulação, no qual um único espermatozoide é injetado diretamente em um óvulo, para obter a fecundação. Utilizada em infertilidade com falha prévia da fertilização por FIV, em casos de fator masculino severo, ou quando espermatozoides são retirados dos testículos por meio de um dos procedimentos médicos.

Inseminação Intrauterina (IIU) – procedimento no qual, após preparo em laboratório, deposita-se o sêmen dentro da cavidade uterina, por meio de um cateter acoplado a uma seringa, para facilitar a gestação.

Laparoscopia ou videolaparoscopia – procedimento cirúrgico que permite a visualização interna dos órgãos da pelve. Durante o procedimento, um instrumento óptico estreito e longo, chamado laparoscópio, acoplado a uma câmera e sistema de vídeo, é introduzido, geralmente por uma incisão abaixo do umbigo, para que se possa inspecionar o útero, as tubas, os ovários e outros órgãos pélvicos e abdominais. Uma ou várias incisões adicionais podem ser feitas para introdução de instrumentos tais como tesouras ou pinças para realização de procedimentos cirúrgicos.

Laparotomia – procedimento em que o cirurgião faz uma incisão grande no abdômen, para realização de diversas cirurgias. Nesse caso não se usa vídeo. É também conhecida por cirurgia a céu aberto.

Libido – desejo sexual.

Ligamentos Uterossacrais – ligamentos que unem a porção mais inferior do útero e a cérvix ao sacro.

Meio de cultura para FIV/ICSI – líquido especial no qual são colocados o esperma, os óvulos e os embriões, quando estão fora do corpo humano. Possui uma constituição de substâncias semelhantes à encontrada nas tubas uterinas.

Menopausa – interrupção natural da função ovariana e das menstruações. Ocorre geralmente entre os 45 e os 55 anos.

Menopausa precoce – final da menstruação pela falência dos ovários antes dos 40 anos de idade.

Menopausa reversível – suspensão dos ciclos menstruais causada por uso de medicamentos para tratamento de endometriose, por exemplo. Após a interrupção dos medicamentos, os ciclos menstruais retornam.

Micromanipulação – procedimento do laboratório de FIV, no qual um óvulo ou embrião é preso com instrumentos especiais e manipulados por procedimentos tais como: injeção intracitoplasmática do esperma (ICSI), *hatching* assistido ou biópsia do embrião.

Mobilidade – porcentagem de todos os espermatozoides móveis em uma amostra de sêmen. Normalmente, 50% ou mais estão movendo-se rápida ou lentamente.

Morfologia – análise da estrutura e da forma do espermatozoide. Pelo menos 30% deles devem ser normais. Alguns espermatozoides têm a cabeça mais plana ou torta, alguns apresentam alterações na cauda.

Motilidade – o mesmo que mobilidade.

Muco cervical – substância encontrada na cérvice, com aparência de clara de ovo, na qual os espermatozoides têm de nadar para penetrar no útero.

Nódulo – implante de endometriose em forma de nó, gânglio ou caroço.

Oligo-ovulação – termo que descreve uma mulher que ovula com pouca frequência.

Oócito – termo médico para o óvulo; o gameta feminino.

Ovário – cada uma das duas glândulas localizadas na pelve feminina. Posicionados um de cada lado do útero, os ovários produzem os óvulos e hormônios, entre eles o estrógeno, a progesterona e os andrógenos.

GLOSSÁRIO | **165**

Ovulação – liberação de um óvulo maduro de seu folículo. A ovulação ocorre, aproximadamente, quatorze dias antes do período menstrual seguinte.

Óvulo – célula sexual feminina produzida pelos ovários; quando fertilizado pelo espermatozoide, resulta em um embrião.

Óvulos doados – óvulos aspirados dos ovários de uma mulher fértil e doados a uma mulher infértil, para serem usados em um procedimento de fertilização *in vitro*.

Peritônio – tecido ou membrana que reveste internamente a cavidade pélvica e abdominal e seus órgãos.

Pico de LH – secreção, ou impulso que induz a produção, de grande quantidade do hormônio luteinizante (LH) pela glândula pituitária ou hipófise. Esse pulso é o estímulo para que a óvulo seja liberado do ovário.

Pólipos – tumorações, geralmente, benignas, como uma verruga no interior do útero.

Preparação espermática – procedimento para remover o líquido seminal dos espermatozoides por meio de lavagens com meio de cultura, para tornar os espermatozoides mais rápidos.

Progesterona – hormônio feminino produzido pelo corpo lúteo após a ovulação, durante a segunda metade do ciclo menstrual (fase lútea). Ele prepara a cavidade do útero (endométrio) para a implantação do embrião. A sua deficiência pode causar abortamentos ou infertilidade.

Prolactina – hormônio produzido na glândula hipófise e que estimula a produção de leite. Fora da gravidez e da lactação, precisa ter níveis baixos, pois senão pode causar deficiência de progesterona e infertilidade.

Pronúcleo – núcleo de um gameta (masculino e feminino) visibilizado no ovo fertilizado (embrião de uma célula ou zigoto).

Prostaglandinas – substâncias liberadas em um processo inflamatório, a partir do estímulo da progesterona, o hormônio que predomina na segunda fase do ciclo menstrual, após a ovulação. O excesso de prostaglandinas durante o período catamenial provoca fortes contrações do útero, que desencadeiam as cólicas.

Pseudomenopausa – estado hormonal similar ao da menopausa, provocado por medicamentos e caracterizado por baixos níveis de estradiol. O mesmo que menopausa química.

Reserva ovariana – potencial de fertilidade de uma mulher. Refere-se não só à capacidade de ovular, mas principalmente à qualidade dos óvulos e ao potencial para engravidar. Pode ser avaliada pela idade, por dosagem de FSH, hormônio antimulleriano, inibina ou contagem de folículos ovarianos ao ultrassom.

Salpingectomia – cirurgia em que as tubas uterinas são removidas.

Sêmen – líquido que contém espermatozoides.

Septo uterino – faixa do tecido fibroso que divide uma parte ou toda a cavidade uterina. Um septo pode aumentar o risco de abortamento e de outras complicações da gravidez.

Síndrome da hiperestimulação ovariana (OHSS) – possível efeito do tratamento com gonadotropinas, em que os ovários ficam doloridos e inchados, e há possível acúmulo de líquido no abdômen e no tórax.

Síndrome de Down – anomalia genética causada pela presença de um cromossomo 21 a mais; caracteriza-se pelo atraso mental, face anormal característica e malformações cardíacas.

Síndrome dos ovários policísticos (PCOS) – circunstância caracterizada pela anovulação crônica, produção ovariana excessiva de testosterona e ovários com múltiplos cistos pequenos. Os sintomas podem incluir menstruação irregular ou ausente, obesidade, infertilidade, crescimento excessivo de pelos e acne.

Testículos – duas glândulas reprodutivas masculinas posicionadas no escroto, que produzem a testosterona e o esperma.

Testosterona – nos homens, hormônio masculino produzido pelos testículos. É responsável pela produção dos espermatozoides e pelas características físicas masculinas. A testosterona também é produzida em pequenas quantidades pelos ovários nas mulheres.

Transferência de embriões – colocação de embriões no útero por um cateter guiado por ultrassom.

Tratamento de reprodução assistida – todos os tratamentos que incluem manipulação de espermatozoides, óvulos ou embriões. Alguns exemplos são: inseminação artificial, fertilização *in vitro* (FIV) e injeção intracitoplasmática de espermatozoide (ICSI).

Tubas uterinas (trompas de Falópio) – par de estruturas em formato de tubos, que ligam os ovários ao útero, onde o espermatozoide e o óvulo se encontram para a concepção natural.

Ultrassom – exame que fornece imagens por meio do eco das ondas sonoras emitidas pelos diversos órgãos durante o exame. É utilizado para monitorar o crescimento dos folículos ovarianos e para aspiração de óvulos por via vaginal. Permite também o diagnóstico do desenvolvimento fetal durante a gestação. O ultrassom pode ser executado via abdominal ou vaginal.

Útero – órgão muscular que apresenta uma cavidade revestida por uma membrana denominada endométrio. Se ocorrer a gravidez, o endométrio se transforma e abriga o feto e a placenta. Caso contrário, ele descama e a mulher menstrua.

Útero retrovertido – útero inclinado para trás. Ocorre em aproximadamente 10% das mulheres normais, mas pode ser um forte indicativo de endometriose.

Vasos deferentes – dois tubos que conduzem os espermatozoides entre o epidídimo e a uretra.

Vírus da imunodeficiência humana (HIV) – retrovírus que causa síndrome da imunodeficiência adquirida (AIDS), uma doença que destrói a capacidade do corpo para se proteger de infecções e doenças. É transmitida pela troca de líquidos corporais ou em transfusões do sangue.

Zona pelúcida – camada exterior do óvulo que um espermatozoide deve penetrar para fertilizar o ovo. Ela também envolve o embrião nos seus primeiros dias de vida, até se romper e permitir a implantação.